文化渗透视角下高校
思政教学探究

杨 杰◎著

吉林大学出版社
·长春·

图书在版编目（CIP）数据

文化渗透视角下高校思政教学探究 / 杨杰著 . -- 长春 : 吉林大学出版社 , 2022.5
　　ISBN 978-7-5768-0814-8

Ⅰ . ①文… Ⅱ . ①杨… Ⅲ . ①高等学校－思想政治教育－研究－中国 Ⅳ . ① G641

中国版本图书馆 CIP 数据核字 (2022) 第 192059 号

书　　名	文化渗透视角下高校思政教学探究
	WENHUA SHENTOU SHIJIAO XIA GAOXIAO SIZHENG JIAOXUE TANJIU
作　　者	杨　杰　著
策划编辑	殷丽爽
责任编辑	董贵山
责任校对	单海霞
装帧设计	李文文
出版发行	吉林大学出版社
社　　址	长春市人民大街 4059 号
邮政编码	130021
发行电话	0431-89580028/29/21
网　　址	http://www.jlup.com.cn
电子邮箱	jldxcbs@sina.com
印　　刷	天津和萱印刷有限公司
开　　本	787mm×1092mm　1/16
印　　张	10.75
字　　数	180 千字
版　　次	2023 年 1 月　第 1 版
印　　次	2023 年 1 月　第 1 次
书　　号	ISBN 978-7-5768-0814-8
定　　价	72.00 元

版权所有　　翻印必究

作者简介

杨杰 男，出生于1986年10月9日，籍贯为安徽省枞阳县，河北师范大学马克思主义学院思想政治教育专业在读博士研究生，河北科技大学讲师，主要研究方向为思想政治教育理论与实践，曾在各类期刊发表思想政治教育相关论文十余篇。

前　言

随着时代发展，中国特色社会主义进入新时代，各种思想争相涌现，文化多样性、包容性不断提高，冲击着大学生的思想观念。高校是党和国家意识形态工作的前沿阵地，肩负着学习、研究、宣传马克思主义，弘扬社会主义核心价值观，培养德智体美劳全面发展的社会主义合格建设者和可靠接班人的任务，也肩负着立德树人的重要使命；而高校的思想政治理论课（简称"思政课"）则是对大学生进行思想政治教育和价值引导的主渠道。中华优秀传统文化和红色文化是历史积累的宝贵财富，是中华民族的瑰宝，是中华儿女的精神支撑。近代以来，西方文化严重冲击着高校大学生的意识，使得我国的优秀文化得不到足够的重视。在这种背景下将我国文化逐渐渗透到高校思政教学中，具有重大的意义，不仅丰富了高校思政课的教学资源、优化了高校思政课的教学方法、提升了高校思政课的教学效果，也继承和发扬了红色文化和中华优秀传统文化，促进了高校学生民族意识和文化自信的培养。因此，从文化渗透的视角研究高校思政教学，对高校大学生思想政治教育发挥着重要的作用。

本书共分为五章内容。本书第一章内容为高校思政教学概述，主要从三个方面进行了介绍，分别为思想政治教育概述、高校思政教学概述、高校思政教学与中华文化的渗透；本书第二章内容为高校思政教学中红色文化的渗透，主要从三个方面进行了介绍，分别为红色文化概述、红色文化的渗透、红色文化的渗透路径；本书第三章内容为高校思政教学中中华优秀传统文化的渗透，主要从三个方面进行了介绍，分别为中华优秀传统文化概述、中华优秀传统文化的渗透、中华优秀传统文化的渗透路径；本书第四章内容为高校思政教学中学生文化自信的培养，主要从四个方面进行了介绍，分别为文化自信概述、高校大学生文化自信的培养、高校思政课程与文化自信培养的关系、高校思政教学中文化自信的培养路径；本书第五章内容为高校思政教学中文化渗透的未来思考，主要从两个方面进行了介绍，分别为高校思政教学中文化渗透的现状分析、高校思政教学中文化渗透的未来发展探索。

  在撰写本书的过程中，作者得到了许多专家学者的帮助和指导，参考了大量的学术文献，在此表示真诚的感谢。但由于作者水平有限，书中难免会有疏漏之处，希望广大同行及时指正。

作者

2022 年 1 月

目　录

第一章　高校思政教学概述 ………………………………………… 1
 第一节　思想政治教育概述 ………………………………………… 1
 第二节　高校思政教学概述 ………………………………………… 14
 第三节　高校思政教学与中华文化的渗透 ………………………… 26

第二章　高校思政教学中红色文化的渗透 ………………………… 30
 第一节　红色文化概述 ……………………………………………… 30
 第二节　红色文化的渗透 …………………………………………… 46
 第三节　红色文化的渗透路径 ……………………………………… 84

第三章　高校思政教学中中华优秀传统文化的渗透 ……………… 92
 第一节　中华优秀传统文化概述 …………………………………… 92
 第二节　中华优秀传统文化的渗透 ………………………………… 98
 第三节　中华优秀传统文化的渗透路径 …………………………… 119

第四章　高校思政教学中学生文化自信的培养 …………………… 127
 第一节　文化自信概述 ……………………………………………… 127
 第二节　高校大学生文化自信的培养 ……………………………… 136
 第三节　高校思政课程与文化自信培养的关系 …………………… 143
 第四节　高校思政教学中文化自信的培养路径 …………………… 148

第五章　高校思政教学中文化渗透的未来思考 …………………………156

　第一节　高校思政教学中文化渗透的现状分析 ………………………156

　第二节　高校思政教学中文化渗透的未来发展探索 …………………159

参考文献 …………………………………………………………………162

第一章 高校思政教学概述

本章内容重点讲述了高校思政教学概述,主要从三个方面进行了详细介绍,分别为思想政治教育概述、高校思政教学概述、高校思政教学与中华文化的渗透。

第一节 思想政治教育概述

一、思想政治教育

(一)概念界定

国内外对思想政治教育的称谓不一,但都体现着育人的文化实质。自古以来,思想政治教育都和阶级统治意识相关联,都意识到思想政治教育对受教育者思想、意识、道德方面的引导作用,并希望通过意识教育来加强本阶级统治,但究竟什么是思想道德教育,学界却存在较大争议。

学者将目光聚焦于思想道德教育对我国社会各领域建设的职能成效上,指出广义的思想政治教育是包括思想教育、政治教育及道德教育的智育体系,目的在于引导大学生形成正确的价值观、政治观点、理想信念和一定的道德行为习惯。为了实现该教学任务,思想政治教育还进行法制、劳动、心理、生命教育等内容教学。事实上,思想政治教育是统治者阶级意志的灌输工具,是引导受教育者适应时代、统治阶级需求这一社会预期的教育实践活动。

狭义的思想政治教育则是从伦理学角度界定,将其概括为道德教育。在注重道德教育的同时,强化受教育者对本社会、统治阶级相应道德取向及道德行为规范的认同,把握道德内容和感性认同价值观念的统一。思想政治教育对受教育者进行系统化、体系化的文化传播,使其了解、接受统治阶级一定的政治意识和价值取向,继而在价值内化的基础上发挥文化的互动性,促进受教育者对社会需要的道德素质、理想信念和思想规范的情感互动,进而形成符合社会主流价值观的道德意识。

思想政治教育是阶级社会反映阶级利益和需求的客观存在，政治性和道德属性并存，单纯的"德育"定义过度强调思想政治教育的德育性而抹杀了内涵的阶级性，而过于宽泛的思想道德教育界定又使得思想政治教育的德育功能弱化，甚至被政治意识所掩藏。因此，我们可以将思想政治教育界定为教育者引导受教育者将特定的阶级意识和道德需求转化为自身政治思想和道德品质的教育活动，不同于广义和狭义概念界定的是，本书的思想政治教育将思想、政治和道德教育视为随社会需求动态调整的客观呈现，而不是三部分的固态定势。

（二）在高等教育体系中的地位

谈到思想政治教育，人们往往会想到思想政治教育这个年轻的专业，自1984年思想政治教育专业率先在南开大学等十二所院校正式开设，到2005年思想政治教育专业被划分到法学门类中马克思主义理论一级学科下，成为其中的一个二级学科，截至目前还不到四十年的时间。但从党的实践逻辑来看，思想政治教育和党的成长壮大却息息相关。目前，思想政治教育在高等教育体系中仍至关重要。首先，高校的思想政治教育主要对象是学生，随着学生的成长，其终将会走向社会，成为国家建设中的一员，成熟的思想政治教育会潜移默化地影响学生的一生，从而对整个社会群体的教育产生辐射性影响。其次，思想政治教育作为一个完整庞大的系统，其在教学方式、实现效果方面更加突出。特别是如今素质教育愈加重要，思想政治教育作为高校铸魂工程，与专业课程相比，在培养学生思想道德素质、心理健康素质等方面起着重要的作用。最后，高校的思想政治教育在动态中发展、在常态中进步，更具时代性和先进性，能够为学生提供最合适、最前沿的理论和素质培养机制。

二、高校思想政治教育

（一）目的

我国高校是社会主义性质的高校，立身之本在于立德树人，故高校思想政治教育要保证高等教育发展方向的正确性及完成培养社会主义事业建设者和接班人的任务。

1. 保证高等教育朝着正确的方向发展

作为社会主义性质的国家，我国高等学校的主体是公办高校，实行的领导体制是党委领导下的校长负责制。高校要坚持党的全面领导，其办学方向就必然要与党引领的方向保持高度一致。我国高校与西方高校的一个巨大差异，就是马克思主义是我们立党立国的根本指导思想，也是我国大学最鲜亮的底色。社会主义高校必然要坚持社会主义办学方向，必须培养党和政府需要的"又红又专"，德才兼备的人才。目前我国进入了外部环境与内部环境都存在巨大变动的新发展时期，应对外部风险与挑战，破除内部影响改革发展的体制机制障碍，实现"两个一百年"的伟大奋斗目标，实现中华民族伟大复兴的中国梦，不能只靠党员干部冲锋在前，更要依靠全体人民，特别是年轻一代的勠力同心。高校担负着为祖国培养人才的重大使命，需要满足党和政府对科学技术成果和卓越创新人才的渴求，对高等教育进步的迫切要求。顺利完成党和政府赋予的使命的基础与前提就是利用一切资源提高高校思想政治教育的水平，只有充分发挥高校思想政治教育的实效性，不使其流于形式、流于表面，才能引领教书育人的正确政治导向，才能使我国的高等教育科学稳步地前进，最终迈向世界一流行列。

2. 为社会主义事业培养合格的建设者和接班人

我国同西方国家存在历史沿革、文化传统、政治体制上的巨大差异，故此我国高等教育的根本任务与西方存在着差异。我国高校要贯彻落实立德树人的根本任务，培养德智体美全面发展的社会主义建设者和接班人。为社会主义事业培养源源不断的后继力量，就需要高校思想政治教育凝聚人心、促人向善，引领学生树立正确的政治思想，培育学生正确世界观、人生观、价值观，简称"三观"。一部分人认为，高校的本质在于授业解惑，培养专业技术人才，故高等教育应保持政治中立，坚持学术研究独立性，围绕科研与学术展开工作，摒弃意识形态因素。这种观点曲解了高等教育的目的，如果放弃对学生投身社会主义建设事业的熏陶与培养，高校会教育出越来越多的利己主义者，甚至培养出阻碍、破坏社会主义建设事业的叛逆者，从而对我国社会主义现代化事业造成巨大负面影响。

（二）历史溯源

1. 思想政治教育的由来

最早介绍马克思及其思想的是19世纪末上海广学会出版的《泰西民法志》，这是马克思主义首次在中国范围内传播。五四运动爆发以后，李大钊、陈独秀等多位知识分子积极行动，先后建立了多个共产主义小组宣传马克思主义理论。1921年，中国共产党的诞生为党内思想建设打下了根基。首先，党的一大指出思想政治教育目的是宣传党的纲领路线，为消灭剥削，实现无产阶级专政服务；其次，党的一大指出一切出版物，如书籍报刊等应受到党的监督，宣传内容不得违背党性原则；最后，党的一大提出党的思想政治教育工作要通过成立产业工会的形式积极主动向广大工人群体传播马克思主义理论思想，唤醒工人的反抗意识，1922—1923年以安源路矿工人大罢工、开滦煤矿工人大罢工为代表的历时13个月的工人运动虽然最后以失败告终，但充分体现了思想政治教育对工人阶级的影响。

　　1924—1927年大革命时期，出现了毛泽东、周恩来、恽代英等人的军事政治工作思想和思想政治教育思想，其中周恩来就曾针对军队问题指出政治工作不仅要求军队学会"开枪"，更要让他们明白为什么"开枪"及向谁"开枪"的问题，这些军队政治思想成为之后党内开展思想政治工作宣传教育的重要内容。1927年，"三湾改编"首创"支部建在连上"，确立了"党指挥枪"的原则，开创了军队内部的民主制度，统一了部队思想，坚定了士兵的战斗决心，是一次成功的思想政治教育实践。之后在不断总结理论和实践经验的基础上，中国共产党形成了《宣传工作决议案》《古田会议决议》等思想政治教育相关文献，思想政治教育从经验形态向系统的教育理论形态转变。1934年在召开的中国工农红军第一次全国政治工作会议上正式提出"政治工作是红军的生命线"新论断，标志着我党对思想政治工作的认识达到了一个新的高度。

　　2. 由党内拓展到社会及教育领域

　　思想政治教育活动最先是为了培养信念坚定的党内人员，因为在党刚刚成立之际，马克思主义理论的群众基础较薄弱，必须要有思想政治教育这一活动来教育党员、积极发展党员，大力传播马克思主义思想理论，经过国民大革命洗礼，思想政治教育的地位更加凸显出来，即在当时的条件下培养一支矢志不渝、永不叛党、坚定为共产主义革命事业奋斗终身的革命队伍具有重要的意义。

　　抗战时期，中国共产党十分重视对党员干部的思想政治教育，为了提高党员干部的整体素质，以毛泽东的《反对自由主义》《为人民服务》和陈云的《怎样做一个共产党员》为代表的经典著作被列为党员干部的必读书目。与此同时，党在相对平稳的环境下建立了学校进行有组织教学。例如陕甘宁边区的抗日军政大学和华北地区的联合大学。随着教学规模的不断扩大，中国共产党思想政治教育理论日渐成熟、形成体系。毛泽东的《实践论》和《矛盾论》从哲学高度总结了思想政治教育的基本经验，抗日战争时期最具代表性的《关于军队政治工作问题的报告》的提出，标志着马克思主义思想政治理论与中国新民主主义革命阶段思想政治教育实践的结合达到了完善的程度，找到了思想政治教育的客观规律，解决了思想政治教育实践中的重大问题，并在理论上得到升华。中共七大丰富和发展了思想政治教育理论，规定了党的思想政治教育的新路线、新任务，提出了"掌握思想教育，是团结全党进行伟大政治斗争的中心环节"的著名论断，丰富和发展了党的思想政治教育理论。

1949年中华人民共和国建立初期，进行马克思主义理论教育的主要场所是党校，要求广大党员进行马克思主义理论学习。之后两年内，马克思主义理论教育从全党扩展到全国，教育范围从党校扩展到了高等院校。这种教育对象范围的扩大为党在全国各地播种下信仰的种子，为稳定政权进而培养中国的建设者起到了重要的作用。

3.高校思想政治教育及课程成为主渠道

2004年10月，中共中央、国务院颁布《关于进一步加强和改进大学生思想政治教育的意见》，这一文件正式提出思想政治理论课是对大学生进行思想教育的主渠道。思想政治理论课之所以能够成为大学生思想政治教育的主渠道，是由其自身特点所决定的，它具有其他传播渠道所不具备的独特优势。首先，其是高校必修课，课堂教学作为学校教育的基本形式，在课堂中讲授马克思主义理论可以有效保证思想政治教育的宣传度。其次，思想政治理论课以教材为基础、教师为辅助，利用固定教材、国家规定的统一大纲，可以避免因地域、水平局限所带来的差距，指导学生全面系统地对马克思主义理论的相关知识进行吸收和学习。最后，思想政治理论课具有确定性和强制性，其被列为大学生在校的必修课，可以有组织、有目的、有计划地对学生进行教育，进一步将中国特色社会主义理论更系统地传播开来。

（三）内容

1.讲授传播马克思主义理论

习近平指出："马克思对所处的时代和世界的深入考察，是马克思对人类社会发展规律的深刻把握。"[①]经过充分的理论研究及实践探索，马克思和恩格斯逐渐掌握了人类社会的发展规律，创造了马克思主义。马克思主义是党的指导思想，共产主义是党的远大理想。没有马克思主义信仰、共产主义理想，就没有中国共产党，就没有中国特色社会主义。习近平总书记于2015年在全国党校工作会议上强调了马克思主义是我们一切工作和成果的基础与前提，没有马克思主义就没有我们所取得的一切成就。高校思想政治教育要传播主流意识形态，首要任务就是讲授、传播马克思主义理论，解读、分析马克思主义理论体系的三个主要组成部分——马克思主义哲学、马克思主义政治经济学、科学社会主义，研究、传授马克思主义中国化的重大理论成果——毛泽东思想、邓小平理论、"三个代表"重要思想、科学发展观、习近平新时代中国特色社会主义思想。讲授、传播马克思主义的重点在于思政课程要体现马克思主义理论的科学性、学术性，并且结合"课

---

① 习近平.习近平在纪念马克思诞辰200周年大会上的讲话[N].人民日报，2018-05-04（02）.

程思政"等其他教育手段,协同促进马克思主义理论进入学生头脑。空洞的政治宣讲很难深入学生内心,只有思想政治教育者对马克思主义真懂、真信、真用,并且遵循基本的教育规律与原则,顺应学生的心理、生理规律,才能将理论性、抽象性的马克思主义理论以更有亲和力的方式传达给学生,让学生在一点一滴的熏陶中形成对马克思主义的信仰,增强对相关理论的理解与掌握。

2. 宣传党和政府的方针政策

高校思想政治教育,还体现在正确分析、解读、宣传党和政府的方针政策,使学生了解社会时政,掌握独立思考能力上。随着社会的飞速发展,各种利益主体的矛盾冲突变得愈发激烈,社会上客观存在着不稳定因素,加上国家治理体系与治理能力现代化还处在建设进程中,政府面对一些社会热点事件的反应速度、处理能力还存在不足,因此一些民众会质疑政府的公信力。在错综复杂的情况下,对于党和政府的方针政策,一部分人并没有理解透就开始评头论足,错误地解读并通过自媒体等媒介进行传播,波及高校学生。所以高校思想政治教育者要在准确把握党和政府的方针政策的基础上,以马克思主义的研究方法为手段,结合个人的生活经历,把关乎百姓生产生活的大政方针解读好、传达好,以纠正一些学生的片面狭隘的思想。进入新时代,高校思想政治教育要充分解读"五位一体"总体布局和"四个全面"战略布局,大力宣传"四个意识""四个自信""两个维护",向学生普及党和国家在深化"不忘初心、牢记使命"主题教育、推进国家机构改革、打好三大攻坚战、应对各种风险挑战、推进国防和军队现代化过程中的重要举措。

3. 培育高校学生的正确"三观"

高校学生大多刚刚脱离父母的庇护,开始独立生活的人生新篇章,当他们刚迈入高校大门,就会面临一些"刷新三观"的事情,这是由于学生思维同社会现实存在矛盾冲突,此时学生的"三观"容易被外界所干扰。面对学生的思想变化,高校思想政治教育必须起到培育正确世界观、人生观、价值观的作用。教育的根本任务是立德树人,高校在传授专业知识、职业技能的同时需要紧抓不懈对学生健康人格的塑造。一个人的"三观"是决定他未来人生道路走向的关键因素,高校学生作为中国特色社会主义事业的后继者,只有在正确"三观"的指导下才能树立积极向上的人生目标,为中华民族的伟大复兴贡献自己的智慧与力量。缺失正确"三观"的高校学子不仅成为不了拥有远大抱负的社会主义建设者和接班人,反而会成为精致的利己主义者,最终导致整个社会风气变得浮躁与功利。所以高校思想政治教育要将符合社会进步方向的世界观、人生观、价值观牢牢"立"在学生心中,大力培育弘扬社会主义核心价值观,以持之以恒、润物无声的德育和美育,将国家层面的价值目标、社会层面的价值取向和公民个人层面的价值准则,植根于学生的心灵，促进学生的全面发展。

三、高校大学生思想政治教育

（一）内涵

大学生思想政治教育在新时代的根本任务是立德树人。在教育教学过程中秉持学生才是教育主体的思想，根据大学生的身心发展规律进行教育实践活动，培养出综合素质高的人才，并且在教育中坚持社会主义道路，提升大学生的公民素质，培养"四有人才"，以此加强我国社会主义核心价值体系的建设。

关于现今高校进行大学生思政教育，我国印发的相关文件中指出，加强大学生思想政治教育要秉持理想信念这一核心，让理想信念为大学生提供精神支柱和动力，以促进大学生健康的成长成才。高校思政教育的理论是以马列主义及其中国化思想为基础进行的，主要对大学生进行思想品德培养和价值观的构建，提高学生的辨别能力和认知改造能力，指导学生正确解决日后在生活学习当中遇到的问题，并为社会建设贡献出自己的一份力量。

（二）特点

1. 意识形态性

大学生思想政治教育具有意识形态性，是对个人思想境界进行引导的教育，主要目的在于引导大学生建立积极向上的思想，并且使学生在遇到现实困境时可以根据这种积极思想解决困难。并且思政教育以一定的阶级为依托，为一定阶级利益服务，是为了更好地实现建设社会主义的目标而采取的意识形态方面的教育。

2. 思想性

大学生思想政治教育具有思想性，是一种思想沟通的活动，属于社会主义精神劳动与社会主义精神文明的生产。在高校的思想政治知识教授过程中，教师对于学生只能处于引导的地位，因为现今的大学生多数已经形成完整的社会世界观、价值观及人生观，他们会在接受这些思想政治知识的同时，会对这些知识点进行深入的思考，而思考便会产出回馈，达到教师与学生之间的思想交流。

3. 政治性

思想政治教育一直是我党的优良传统，为了强调这一实践活动的重要性，毛泽东曾明确表示思想政治工作就是"党的生命线"。此外，思政教育的核心就是政治观念，有利于调节社会矛盾，激发人、培养人及教育人，一定政治集团或阶级的政治目标就是思想政治教育的真正目的所在。

4. 时代性

人的思想意识是社会存在的反映，改革开放这一大背景条件下，新时期社会存在正是大学生思想意识的反映。为了能够有效实现思想政治教育的目的，必须要以党的基本路线为基础，采取有效措施，对不同年级的大学生展开不同形式的教育活动，帮助他们更清楚地认识到自己的不足，使他们敢于承担社会责任和国家使命，树立正确的核心价值观。具体措施包括艰苦奋斗教育、党的基本路线教育等。

5. 渗透性

大学生思想政治教育具有渗透性，学生接受的思政教育理念具有一定的渗透性，它能在人的现实生活中、社会实践中进行具体实践指导。因此，在高校开展思想政治教育时，不单单是为了知识的传授，更重要的是为了培养出社会的建设者，通过知识渗透到每个人的现实行为当中，渗透到整个社会当中，促进社会发展。

6. 主体性

大学生思想政治教育具有主体性，思想政治教育的根本目标就是要通过接受、唤醒客体的主观能动性，推动其客体的自我培养。也就是说在课堂上教师对学生进行思想政治教育知识传授，学生通过课下或实践课堂上的活动等形式将老师传授的知识进行行为转化，这些知识性的教育会对学生产生自我约束及自我教育，从而带动社会发展。

7. 针对性

分析当代大学生的思想道德状况，发现由于所处时代的特征，他们的思想先进、敢于奋斗、积极创新，可是面对复杂多变的社会形势，一些不健康思想在这一代青年中萌芽并生根。因此，必须以科学的角度来分析当代大学生的思想状况，表面上，大学生目标确定；整体上，大学生思想情绪稳定；深层次上，大学生深陷迷茫。他们身上突出的主要优点有：具有较强的自我意识、创新能力、成才意识。当然，他们也存在很多缺点：缺乏一定的自我控制能力、良好的心理素质、集体观念。因此，为了能够达到良好的思想政治教育效果，十分有必要对教育对象的思想状况进行全方位且深刻的了解。

四、高校大学生思想政治教育精准化

（一）精准化的概念

从字面意义上讲，精准就是精细、准确，包括时间和空间的准确。精准对应的是粗放，粗放的结果是低质、低效，针对性不强。从哲学上看，精准是把握事物内在本质的一种思维方法，强调把握对象的差异性，对具体问题提出针对性的策略。

"化"是指事物经历了某种过程，达到了某种程度，具有了某种特征。"化"既是一种过程，通过这种过程最终能达到一种结果；"化"也是一种结果，这种结果就是一种状态，这种状态最显著的是使事物具有了某种特征。"化"用在名词或形容词后，表示转变成某种性质或状态。由此看来，精准化既是一个过程，也是一种结果。作为一个过程，它不断推进事物使其更加精准；作为一种结果，最显著的特征就是精准。具体来讲，精准化就是使某一事物转变成精准的性质或状态，越来越具有精准性，这是向精准目标无限接近的动态的过程。

"随着改革开放和社会主义现代化建设不断向前推进，各项工作对专业化、专门化、精细化提出了越来越高的要求[①]。"党始终秉持"精准"的理念部署和做好各项工作，在方针政策制定和实施的过程中，坚持精准把握事物的主要矛盾、精准对标、以矛盾为导向精准解决问题。习近平总书记十分重视精准的思维方法和工作方法，多次在公共场合提及精准要求，比如在扶贫过程中，习近平总书记一直强调"全过程都要精准，有的需要下一番'绣花'功夫"[②]。2013年习近平总书记在考察湘西时指出"扶贫要实事求是，因地制宜。要精准扶贫，切忌喊口号，也不要定好高骛远的目标。"[③] 习近平总书记此后也在多种不同场合多次强调精准思维的重要性，指出其具有深厚的科学思维底蕴。面对经济改革，也要"把握症结、用力得当，突出定向、精准、有度"[④]。2020年新春伊始，新型冠状病毒突袭人类，面对突发疫情，习近平总书记亲自指挥、亲自部署，指出要精准施策，在科学方针的指导下，面对疫情，各地政府控制源头、切断传播途径、突出重点、统筹兼顾、分类指导、分区施策，中国人民率先在世界范围内取得了疫情防控的阶段性胜利。

精准思维是新时代治国理政的重要维度，包括思维方法和工作方法两个方面，体现在看待具体问题的思维方法上，还体现在解决问题的行为和实践中，彰显出了实事求是的勇气和求真务实的态度，强调以目标为导向，要突出问题、拎清问题，解决问题要精细，分门别类地解决各类问题。

---

① 习近平. 在党的十九届一中全会上的讲话 [J]. 求是, 2018 (1): 3.
② 习近平李克强张德江俞正声刘云山张高丽分别参加全国人大会议一些代表团审议 [N]. 人民日报, 2017-03-09.
③ 习近平赴湘西调研扶贫攻坚 [EB/OL]. (2013-11-04) [2021-11-03]. http://jhsjk.people.cn/article/23421342.
④ 习近平：把改善供给侧结构作为主攻方向 推动经济朝着更高质量方向发展 [N]. 人民日报, 2017-01-23 (01).

（二）大学生思想政治教育精准化的概念

思想政治教育精准化是一个合成词，是规律性和价值性的统一，既要遵循学生成长发展的规律，更要体现思想政治教育的价值。精准化的实质是如何实现教育供给与学生需求精准对接的问题？大学生是一个集合概念，既可以说是大学生个体，也可以说是大学生群体。在这里，我们所强调的是既要满足大学生群体的共同性需要，又要关照每个大学生个体的个性化需要。

学界关于思想政治教育精准化概念的界定大致分为两种，一是依靠大数据、人工智能等现代技术开展精准的思想政治教育工作；二是在精准掌握教育对象的基础上，完善教育供给，促进思想政治教育供给和需求的匹配。基于此，大学生思想政治教育精准化是指根据大学生群体的需要和社会需要，改善思想政治教育供给，实现供给与需求的高度匹配，使整个教育活动趋于精准的过程。

（三）大学生思想政治教育精准化的内容

1. 教育管理精准化

精准管理是思想政治教育精准化过程中的重要环节，能够及时发现并处理教育过程中供给和需求不相匹配的问题，实现供需的动态平衡。在精准管理的过程中，教育者要根据学生的思想和行为倾向及生活方式等，尽可能科学地研判学生的思想状况，及时回应学生的教育诉求，而不是出现问题之后才解决。现实生活中，高校学生的思想政治状况波动频繁且复杂，因此精准管理的过程中要整合各学院、各行政管理部门及各学生团体之间的资源和力量，对教育资源进行有效配置和规划，精准识别教育对象的需求，提高供给效率。

2. 教育对象精准化

大学生思想政治教育精准化贵在精准，关键就在于精准识别，精准识别教育对象是前提和基础。精准识别就是了解教育对象状况，用信息化的方式和工具识别教育对象的多样化需求，在此基础上才能进行下一步的有效供给。新时代的大学生具有群体特征，又因为院校、专业、年级等因素，在个体特征和精神需要上存在差异，不研究他们的真实需求很难达到针对性。精准识别教育对象需要对教育对象的认知水平和接受心理进行分析，总结教育对象特点，界定教育对象的差异性，从而采取相应的思想政治教育内容。受传统观念的影响，很多大学生认为思政课是"洗脑"的学科，从而对接受思想政治教育产生逆反心理。大学生思想政治教育精准化的实现，要建立在对新时代大学生特征及大学生需要的精准分析上，遵循学生成长发展规律、准确把握学生成长中的问题，有针对性地开展教育活动。可以利用大数据等前沿技术及已经开发的数字校园、易班等，收集大学生学习和生活信息，精准识别大学生的个性需要和价值倾向，为接下来教育内容的精确选择和精准供给提供条件。

3. 教育内容精准化

精准供给建立在精准识别教育对象的基础之上，教育内容的供给要以教育对象的需求为导向。只有这样，才能真正提升思想政治教育的吸引力，给大学生带来获得感，从而逐步实现思想政治教育精准化。大学生思想政治教育的需求侧是指新时代大学生群体，高校思想政治教育的供给侧主要包括思想产品供给和教育服务供给两个方面。这里的供给侧更加具有主导性，只有做到供给的精准化才能满足大学生的个性化需要，达到培育时代新人的目标。首先，精准供给建立在精准识别教育对象的基础上。供给内容的确立必须建立在了解大学生需求的基础上，还要积极回应国家的人才培养目标。其次，教育内容精准供给最终要达到供需平衡的状态。供需平衡作为一个动态的过程，存在交互作用，可以不断根据大学生需求的变化进行供给上的调整，实现供需之间的良性循环。精准供给教育内容，要从大学生的现实需求出发，同时结合社会需要，实现供需精准对接。应坚持"内容为王"的原则，精准有效供给教育内容，实现供给内容"因时而进""因事而化"和"因势而新"。大学生思想政治教育精准化从供给侧发力，有利于解决教育内容供给和大学生需要之间的矛盾，真正满足大学生成长发展需要。

4. 教育方法精准化

在精准了解教育对象之后，对大学生精准供给教育内容，需要方法的协助，这里所说的方法包含思想政治教育载体。黑格尔在《小逻辑》中写道："方法并不是外在的形式，而是内容的灵魂和概念。"[1] 思想政治教育内容的精准供给与教育方法密切相关、选择方法得当，将是事半功倍。在大学生思想政治教育精准化体系中，教育方法与教育内容、教育对象的匹配尤为关键。面对个性极强的新时代大学生，灌输式的教育方法已不能完全适用。这里的教育方法选择精准化包含两个方面，即话语体系精准化和网络载体运用精准化。首先，话语体系精准化。大学生是朝气蓬勃的群体，因此在话语的选择上需要贴近大学生的生活，并富有时代气息。要注重语言的艺术，力求做到语言通俗易懂、形象生动和多样化。其次，网络载体运用精准化。当今大学生的学习生活逐步网络化，要充分利用网络的交互性功能，注重发挥微博、微信等软件的作用，使思想政治教育变得更有吸引力，促进大学生主动学习，实现大学生思想政治教育精准化。

---

[1] 黑格尔. 小逻辑[M]. 贺麟，译商务印书馆，1980.

5. 教育评价精准化

评价是思想政治教育过程的基本环节，也是反馈思想政治教育过程信息的重要方式。思想政治教育评价就是根据社会对思想政治教育的要求及思想政治教育评价对象的实际，建立指标体系，运用测量和统计分析等先进方法，对思想政治教育的实际效果进行价值判断的过程。思想政治教育评价有二重维度，即实效性与有效性。有效性维度是对思想政治教育的学科内容和理论体系进行考察，多用定性的评价方法。实效性维度是指教育实际与教育目标两者之间的统一程度，往往用定性的方法进行衡量。以往的思想政治教育评价多以定性评价为主，评价过程为初步定性—深入定量—第二次定性评价，借助大数据可以将以往难以精确估量的学生行为和思想政治教育效果实现信息化存储和交叉分析，精简思想政治教育评价过程，使评价更加符合客观现实，更加准确和具有说服力。

（四）大学生思想政治教育精准化的必要性

1. 优化育人理念的要求

中国特色社会主义进入了新时代，大学生思想政治教育的创新发展也随之面临着新境遇和新挑战。面对新境遇、新挑战，以习近平同志为核心的党中央十分重视高校思想政治教育，并提出了很多重要论述，如"遵循思想政治工作规律，遵循教书育人规律，遵循学生成长规律"[①]等。这些重要论述不仅展现了中国共产党办好教育事业的历史担当，更是向思想政治教育发起的时代呼唤。科学化、学科化、现代化的发展诉求，正全面推动思想政治教育育人理念的创新发展。

思想政治教育的对象是现实生活中的人。因为成长经历、生活环境等差异，具有不同的思想特点和行为特征等，因而表现出明显的层次性。面对新时代的大学生，思想政治教育的育人理念应该及时进行转变、优化。思想政治教育精准化是在人工智能、大数据分析等前沿技术的强力介入和精准思维的贯穿指导下革新而来的一种教育新样态。"精准化"以切实提高大学生思想政治教育针对性为目标，注重教育对象的层次性，是对新时代思想政治教育理念较为合适且准确的定位。

2. 创新教学模式的要求

首先，在信息化技术飞速发展的今天，思想政治教育呈现出从"独主体"变为"众主体"、从单向教育变成交互教育的特点。教育对象正处于高度主观能动和自我认知的阶段，他们有着强烈的探索欲和好奇心，传统的教学模式已难以激发教育对象的学习热情，相对单一的理论知识讲授方式在一定程度上已经不能吸

---

① 习近平：把思想政治工作贯穿教育教学全过程 开创我国高等教育事业发展新局面[N]. 人民日报，2016-12-09（01）.

引教育对象的注意力。为创新大学生思想政治教育模式，教育者通过"精准化"这一全新的教育模式，可在恰当利用人工智能、大数据等前沿技术的基础上，有效地改变思想政治教育的现状，可实现线上线下的融通发展。其次，在新媒体技术的助推下，教育者可以摆脱时间和空间的限制。在时间上，教育者能在很短的时间内有效地把握社会热点，及时将大量信息补充到思想政治教育内容中，并及时准确掌握和客观分析当代大学生的群体特征，因材施教，分门别类地传递给教育对象；在空间上，可加强教育者与受教育者在线上线下、课内课外的沟通联系。再次，通过"精准化"这一教育方式，强调教育过程的每一细节，强调从细处着眼，它有助于科学认识教育对象的差异性，还推动着教学模式朝着分众化、个性化和精细化的方向发展，使其更深入和更精确。最后，"精准化"这一教学模式十分注重教育的针对性，不仅改变了以往思想政治教育教学模式的"粗放性"特点，还在教育过程中以教育对象为中心，并充分尊重教育对象之间的差异。但关注教育对象个性化的发展需求，并不意味着思想政治教育要无条件地接受或满足教育对象的一切要求。此外，在把握教育对象现有思想状态和群体特征的基础上，实现"精准化"不是在对教育目标进行更改，也不意味着教育标准在降低，而是要积极优化思想政治教育的教学模式，让思想政治教育真正地走进教育对象的内心，以提高教育对象的获得感和满足感。

3. 顺应信息化时代趋势的要求

新时代思想政治教育更要抓准、抓实，精准发力，确保高校思想政治教育立德树人的目标得以实现。但随着新媒体技术、人工智能的快速发展和广泛应用，新时代背景下高校思想政治教育有效性、针对性问题已经引起了广泛关注。同时，大数据、人工智等前沿技术的创新、蓬勃发展，对思想政治教育的影响也越来越大。具有高速化、虚拟化、开放性等鲜明特征的前沿技术，使得内外环境发生了极大的变化。这对思想政治教育而言，既是发展机遇，也是现实挑战。在新的历史方位，以互联网为主要特征的新技术革命的影响下，思想政治教育正逐渐迈向信息化时代。同时，在落实党的人才培养目标、解决教育供需不匹配、适应新技术的条件下，实现精准化有着重要作用。总的来说，智能时代是高校思想政治教育研究的大背景，为改革和创新高校思想政治教育提供了动力支撑和技术支持，实现精准化的过程展现了信息革命和生产方式数字化的必然趋势。

第二节　高校思政教学概述

一、高校思想政治理论课概述

（一）概念和内涵

1. 概念

据文献记载，在中国，为各个不同社会和阶级培养高级专门人才的高等教育已有 3000 多年的历史。从春秋战国时期诸子百家的私学到两汉时期的太学，从唐宋时期的六学二馆及书院到明清时期的国子监等，教育内容无一不体现着统治阶级的意志。可以说从古代便存在各种变相的"思想政治理论课"。中国共产党自成立以来就明确提出要把思想政治教育作为党的一项根本任务，实践证明，思想政治工作是党各项工作的生命线。高校是为党和国家培养人才的地方，稳定的课程特别是思想政治理论课在传播党的意识形态、帮助青年学生学习马克思主义理论方面发挥着重要的作用。思想政治理论课（以下简称思政课）是指高校思政课教师遵循国家设立的教学标准通过研究教材，以一定的教学手段和实践方式为媒介，有目的和计划地将马克思主义理论内化为广大青年学生的思想，从而达到知识传授和价值塑造合二为一的课程，通过"马克思主义基本原理"课、"中国近现代史纲要"等课程从不同侧面对学生的思想观念进行理论教育和实践教育，力求提高学生的政治和道德素养。

2. 内涵

一直以来我们党和国家都高度重视高校思想政治理论课（简称"高校思政课"）教学，并且根据时代发展要求不断采取新手段、新方法、新措施改革高校思政课教学。

《关于改革学校思想品德和政治理论课程教学的通知》（简称"85 方案"）：规定要进行"以中国革命史为中心的历史教育""马克思主义基本理论的教育""中国社会主义建设和改革的理论、政策和实际知识的教育"，目的是让大学生了解我国党和人民正在进行的伟大事业及其与他们的关系，引导大学生树立正确的"三观"，运用马克思主义思考和处理事情，承担起建设社会主义现代化的崇高责任。

《关于普通高等学校"两课"课程设置的规定及其实施工作的意见》（简称"98方案"）：规划了专科、本科、研究生的课程开设方案和内容，本科的课程设置具体为马克思主义理论课包括"哲学原理""政治经济学原理""邓小平理论概论""毛泽东思想概论""当代世界经济与政治";思想品德课包括"思想道德修养""法律基础"。课程的改革着眼于使大学生掌握马克思主义的观点、立场、方法,形成科学的"三观",确立建设有中国特色社会主义的共同理想。

《〈中共中央宣传部 教育部关于进一步加强和改进高等学校思想政治理论课的意见〉实施方案》(简称"05方案"):规定本科思政课由"马克思主义基本原理""中国近现代史纲要""思想道德与法律基础""毛泽东思想、邓小平理论和'三个代表'重要思想概论"四门必修课组成,另开设"形势与政策""当代世界经济与政治"等选修课。党的十七大以后,"毛泽东思想、邓小平理论和'三个代表'重要思想概论"改为"毛泽东思想和中国特色社会主义理论体系概论","形势与政策"改成必修课,现行的本科思政课课程体系由此而来。

新时代高校思政课要面对新的形势、新的挑战,高校思政课始终以立德树人为根本任务,积极探索、勇于创新。2015年的《普通高校思政课建设体系创新计划》对思政课的地位、功能、目标作出明确规定,指出高校思政课是为中国特色社会主义事业培育德才兼备、全面发展的建设者和接班人的主干课程,是落实党的教育方针和坚持立德树人根本任务的主要途径。上好思政课,事关"三个大局"工作,所以要坚持不懈、持之以恒。2020年的《新时代学校思想政治理论课改革创新实施方案》提出要把握新时代、推进一体化、突出创新性、增强针对性、注重统筹性。本科课程包括"马克思主义基本原理"(简称"原理")、毛泽东思想和中国特色社会主义理论体系概论"(简称"概论")、"中国近现代史纲要"(简称"纲要")、"思想道德与法治"(简称"法治")、"形势与政策"(简称"形策"),并规定全国重点马克思主义学院全面开设"习近平新时代中国特色社会主义思想概论"课。

综上,从各时期高校思政课的发展和改革状况看,高校思政课是对高校学生进行马克思主义理论教育和思政教育的一整套课程体系,具体包括"概论""原理""纲要""思想道德与法律基础"(改为"思想道德与法治")"形策"五门主要课程。思政课是用习近平新时代中国特色社会主义思想铸魂育人,引导学生增强"四个自信"的课程,是引导大学生形成正确思想价值观念把爱国情、强国志、报国行融入我国事业建设中,最终培养担当民族复兴大任的时代新人的课程。此外,随着人们对思政课性质认识的深化,思政课也在不断变化和发展,逐渐明确了教学任务和教学方向。所以,对高校思政课的科学界定是一个不断完善和动态的过程,需要根据每个时期具体实际和要求有所侧重和作出调整。

（二）思想政治理论课的功能

功能一词语出《汉书·宣帝纪》，在《辞海》里其词义解释为"有特定结构的事物或系统在内部和外部的联系和关系中表现出来的特性和能力"[①]，在《现代汉语词典》中则为事物或方法发挥的有利于事情发展的作用和效能，所以功能是特定的事物、方法或对象本身具有的利于事情发展的功效能力，这是它的本质属性和具有的价值表征。因此，课程功能就是课程所表现出来的功效和能力的统称，思政课课程功能就是思政课自身属性和定位及价值产生的实际效果。高校思政课功能是否有效发挥，影响着高校立德树人根本任务的贯彻落实。

1. 导向功能

高校思政课是传递马克思主义政治思想、价值理念、品德规范，贯彻国家意志传播主流意识形态的课程，其政治引导功能是否发挥好是决定思政课成败的关键因素。思政课具有鲜明的政治倾向，能够更好地为我们社会主义制度服务，巩固我们党的领导，为我国特色社会主义建设、发展保障方向和凝心聚力。在每个阶段的高校思政课中，我们党和国家对大学生的政治思想都保持着高度重视，要大力引导大学生树立正确的政治思想理念，让大学生能够清晰正确地认识历史和，明确人民是在艰苦卓绝的斗争中科学地选择了马克思主义、选择了中国共产党，并且作出了坚持社会主义道路和改革开放的伟大决定。除了政治导向功能，高校思政课还具有思想导向和行为规范导向功能。大学时期正是人生的"拔节孕穗期"，要保障大学生的成长成才与国家意志相统一，就要充分发挥思政课的政治导向功能、思想导向功能、行为规范导向功能，使大学生树立正确的思想观念和人生理想，形成良好的道德修养，使大学生在纷繁复杂的社会环境中明辨是非、认清本质、坚守立场，保持思想上与党和国家的前进方向相一致，努力成长为担当中华民族复兴大任的时代新人。

2. 育人功能

高校思政课与其他课程共同肩负传授知识、教书育人等使命。"为了谁培养人、培养怎么样的人、怎么来培养人"是高校思政课要摆在突出位置和解决的最根本问题。要解决这个问题就要用马克思主义理论及其发展的理论教育大学生，让他们充分地掌握扎实的理论知识和方法论，更好地认识和改造自我，最终正确地认识和改造客观世界。让大学生了解党史、国史、国情，深刻体会中国站起来到富

[①] 夏征农, 陈至立. 辞海[M]. 上海: 上海辞海出版社, 2009.

起来再到强起来的各个时期的伟大抉择，从而提升大学生的思想政治素质、道德素质，坚定大学生中国特色社会主义理想信念，引导大学生把实现个人理想融入实现中国梦的实践中。

3. 发展功能

思政课除了在上述的政治、思想、道德等方面发挥重要作用外，在人格的塑造、健康心理素质的形成及能力的提升方面也有重要作用，这就是思政课的发展功能。实现人的全面发展是新时代中国特色社会主义的本质要求和价值追求。现阶段，促使大学生全面发展最关键的核心在于综合素质全面发展，也就是要将其培养成德智体美劳全面发展的时代新人。高校思政课通过与时俱进的理论教育大学生树立正确的"三观"，指导他们正确认识和处理自身与他人、社会及环境之间的关系，促进彼此和谐发展，同时提高他们的政治敏锐性、鉴别力及抵御风险的能力，对大学生的全面发展起着保障作用。

（三）思想政治理论课的政治规定性

思想政治理论课的政治规定性是由课程本身的特点所决定的，思政课通过课堂形式传播党的思想及相关理论，只有具备政治规定性才能使传播者把握好讲课的重点和边界，不至于弃本逐末、漫无目的。

首先，教学内容的政治性。总的来说，思想政治理论课是通过教学方式使青年学生在思想上跟党走，认同党的大政方针，理解党为什么"行"、马克思主义理论为什么"能"的问题。因此，教学内容伴随着国家大政方针的调整而变化。

其次，教师队伍的政治性。作为理论传播者，高校思政课教师一端连着党和群众的希望，一端连着广大青年学生对知识的渴望，因此政治站位明确、信仰坚定纯洁是第一位的。在高校教师选聘过程中，政治性同样是首要且至关重要的条件，因此当前高校要求思政课教师拥有共产党员身份，并从专业、作风、学术等多方面加以考察。马克思主义信仰只有在教师心中扎下根，才能在学生心里结出果。只有具备政治性的教师队伍才能胜任课程教学，并且不会在教学中偏离主线，最终培养出政治信仰坚定、道德品行优良的学生。

（四）思想政治理论课与思想政治教育的关系

思想政治理论课是教育者以课程形式对被教育者进行意识形态及思想态度引导，并使之接受其所认可的意识形态的一种方式。其主要实现形式是课堂及其附加的实践活动，主要针对高校大学生。思想政治教育的概念则相对来说广泛得多。这个概念的外延不仅仅包括高校思想政治理论课，还包括中小学时期的思想品德课、日常的思想政治教育活动和社会实践等。总的来说，思想政治教育涵盖了思想政治理论课而又不局限于此，思想政治理论课是思想政治教育的课堂形式，思想政治理论课以其生动活泼的课堂形式成为思想政治教育的重要组成部分。

二、高校思政课教学改革

（一）教学改革的动因

思政课的每一次改革都是必然的，是时代赋予的使命和责任。社会的进步和生产力的发展是思想政治理论课改革的根本原因。中华人民共和国成立之前，思想政治理论课内容是零散的、体系是片段化的；中华人民共和国成立后，随着经济发展繁荣，这门课程的任务也开始转变，从过去坚持革命斗争、宣传教育革命知识到后来培养全心全意为人民服务的社会主义接班人，这一转变是顺应时代变化而发生的。

社会进步促使教学改革必然发生。第一，随着社会资源分配方式的多样化，社会难免会出现贫富分化的现象，一些学生的理想信念发生动摇，单纯追求眼前利益和物质享受，将理想信念抛之脑后，社会责任感逐渐淡化。第二，随着对外开放的扩大，西方文化对高校的渗透，不同程度地改变了学生的价值观。比如西方的英雄主义和我国的集体主义、西方的公平和我国的正义、西方的自由和我国的自由等，这些不同内涵的概念碰撞难免会对学生的价值观形成产生影响。如何在对外开放中坚守初心、借鉴优秀文化而不被西方文化所破坏，已成为高校思想政治理论课改革的一大关键问题。第三，互联网的日渐成熟使思政课面临着更多的挑战。一方面，信息技术的发展使得网络信息鱼龙混杂，给学生的学习生活带来便利的同时，也导致其思维的碎片化和扁平化，学生能否正确筛选和辨别信息成为影响其价值观形成的关键；另一方面，庞杂的网络信息在不断挑战教材的权威，教师能否运用互联网获取具有前沿性的知识，帮助学生更快地走出思维困境成为当下亟须解决的问题。另外，我国目前已经进入高质量发展的关键时期，社会不断出现的错综复杂的新情况，比如住房、就业、医疗、教育等，都会触及学生的神经敏感区，思想政治理论课如何化解思想矛盾、理顺思路情绪、有针对性地消解思想碰撞使得改革一触即发。

高等教育的发展进步促使思想政治理论课不断改革。高等教育是建设社会主义现代化强国的重要组成部分，其培养出来的青年日后也将是中国特色社会主义道路建设过程中的主力军。面对社会的发展，党和国家对高等教育提出了更高的要求，教育体制的不断改革促使高等教育走上了以高质量为核心的内涵式发展道路。这种内涵式发展是向教育本质的回归，强调"以人为本"的教育特色，力求实现德育和智育、数量和质量的双重发展。思想政治理论课作为高校立德树人的核心课程，在高等教育不断改革升级的今天更应该树立创新意识，不断突破自身发展瓶颈，实现教育教学的高质量发展。换句话说，高等教育改革的大环境推动着思政课必须实现自我革新，而思政课更深层次的变革反过来影响着高等教育的发展。

（二）教学改革的方向

在思想政治理论教育这个大系统中，教学改革的方向不仅仅是引领性的问题，而且事关根本、事关成败。可以说，确定对大学生进行思想政治教育方向是全部思想政治工作的起点，所有的方法、路径、模式都是由方向决定的，它是教学改革的"风向标"。我国高校思想政治理论课作为有中国特色的社会主义课程，其核心和首要目标便是使受教育者以正确的马克思主义理论武装自己。所以，对于青年学生的价值选择和政治立场也有严格要求。特别是随着我国社会主义现代化进入新征程，国际国内社会面临着百年未有之大变局，培养青年正确的价值选择和坚定的政治立场显得尤为重要。方向问题不仅关乎现在，更关乎社会和祖国的未来。大学生是广大青年群体中正在接受高等教育培养的群体，是社会中相对来说有知识、有抱负且将来大有作为的群体，未来也将是祖国现代化建设中的中坚力量。只有选择了正确的价值观，才能走上正确的人生路，才能不断为祖国的建设奉献自己的力量。

（三）教学改革的规律

认识规律、利用规律才能越走越远。思想政治理论课从来都不是固定不变的，因为马克思主义是变化的、发展的，随着实践的变化不断完善的。从毛泽东思想、邓小平理论，到"三个代表"重要思想、科学发展观，再到习近平新时代中国特色社会主义思想，思想政治理论课的重心总是随着时代的变迁与中国特色社会主义理论的不断创新而逐渐变化。对学生来说，由于不同阶段的认知水平不同，每个阶段培养过程中的知识目标和能力目标均有所差异，即使对于同一学段的学生，学科背景的差异也会造成思政课课程目标的差异。因此，为适应时代变迁与调整，培养目标成为思想政治理论课教学改革过程中的一条总规律。

三、高校思政课实践教学

（一）高校思政课实践教学的概念

高校思政课实践教学是相对于高校思政课理论教学的教学形式，理解高校思政课实践教学涉及以下两个关键词语：实践教学、高校思政课实践教学。

实践教学是相对于理论教学的各种教学活动的总称。有学者指出，实践教学就是通过各种实践活动，让学生能动地接触实际，来锻炼能力、提高觉悟、促进发展。由此看来，实践教学是和理论教学相对应的教学活动，它强调学生的动手参与，是以发展学生能力为主的一种教学活动。

关于高校思政课实践教学的概念，它是实践教学的一种特殊形式，有着思政课的课程性。这也是其区别于一般的社会性实践教学的根本之处。但就思政课实践教学来看，学术界对此也一直存有分歧，主要有以下两种观点。从所涉及的范围来看，分别是狭义的思政课实践教学和广义的思政课实践教学。其中，有学者认为，狭义的思政课实践教学是指学生走出思政课堂进行实践教学活动。例如参观革命纪念馆、志愿服务等，它以思政课堂这一场所作为主要划分依据，强调实践教学应在思政课堂以外来开展，更像是一种场所论。另有学者认为，广义的思政课实践教学是指除去理论教学之后的一切与发展学生动手动脑相关的思政课实践活动。它是相对于理论教学而言的，不仅包含思政课下的各种实践活动，同时也包括学生在思政课课堂之上进行的课堂讨论等实践教学活动。广义的实践教学没有场所的限定，以发展学生的各种能力为主，更像是一种功能论。

综上可以发现，狭义的思政课实践教学着重强调课堂外的实践教学，而忽略了思政课上的实践教学。然而，广义的思政课实践教学不仅包含课外的实践教学，而且包含课堂中的实践教学。显而易见，广义的思政课实践教学内涵更加完善。因此，高校思政课实践教学更应该从广义上去理解，注重发挥其育人功能。

总而言之，思政课实践教学是在体现思政课程性的前提下，最具广泛性和价值引领的教学方式。它以高校思政课教学大纲和目标为基础，让老师充当导演、学生充当主演而组织的一系列与思政课教学内容相关的实践活动。此活动以提升学生的综合素质为目标，让学生在实践活动中验证思政课上所学的基本理论，达到对基本原理的深化理解及应用，最终将其转化为自身的精神食粮。与此同时，也可以提高学生的综合能力、培养学生的高尚情操、造就学生的良好德行、促进学生的全面发展。

（二）高校思政课实践教学的定位

辨别高校思政课是理论课程还是实践教学课程，不能简单地依据教育教学场所是学校内的课堂上还是在校园外的社会上，而应该参考在教学过程中涉及的知识点是否涉及社会问题的分析、检讨、解决和总结。因此，高校思政课实践教学可以分为课内和课外实践教学。前者是在理论课程中或理论课程结束后教师在课堂上对社会典型事件、热点问题、新政策法规等进行检讨性的探索分析，后者就是大家所熟识的在一定的教学任务和目标下，在教师的亲自带领和指引下，让参与的大学生融入具体可见、可触、可听的丰富素材中，更加深入地理解相关思政课理论知识和内涵，也以使可体验式的理论更加联系实际，让大学生可以使用理论中的知识，解决看到、想到的问题。

（三）高校思政课实践教学的特征

1. 政治性

新时代背景下，我国高等教育必须坚持正确政治方向，必须坚持以马克思主义思想为指导，全面贯彻党的教育方针，为大学生成长奠定科学的思想基础。高校思政课自设立以来，政治性作为其不褪的底色，在助力大学生树立正确"三观"起着不可估量的重要作用。实践教学是理论的补充和再发展，协助理论课进入大学生实际学习和实际生活，政治底色与理论教学一样，政治属性明显，与其他学科实践教学泾渭分明。

2. 社会性

社会性这一特征主要是区别思政课实践教学与专业实习。各类专业性的实习主要是增强学生的实践技能，侧重培养学生的专业技能，也就是从做事的角度进行培养，是为日后进入社会从事相关工作打好专业基础。而思政课实践教学是学生实现社会化的重要抓手，它是依托实践教学这一载体，从做人的角度进行教学。学生可以通过思政课实践教学来感受社会，进一步培育学生社会责任感和使命感，使其能快速融入不断变化的社会。

3. 教育性

教育，是对人们思想的知识灌输和行为指导，思政课是落实立德树人根本任务的关键教育课程，自身教育性特征不需赘述。思政课实践教学，作为大学生受教育过程中必经的教育环节，天然具有教育性的特征。不同的是，思政课理论教学主要针对大学生进行理论知识灌输，高校思政课实践教学针对的是在社会这个大课程中对大学生进行深度的教育，相同的是都具有教育性的特征。

思政课的教育性特征必然涉及教育者与受教育者，即所谓教育主体和客体。在思政课教学过程中，当教师在传道授业解惑时，是主体；大学生作为教师知识传播的对象，是客体。但是在大学生学习到教师灌输的知识后，自然会对其进行理解和内化，同时对教师教学内容进行反思和吸收，在这个过程中教师就变成了大学生认识和反应的客体。很显然，在思政课教育性这个特征中，教育主体和教育客体的角色是会发生变化的。教育的主体和客体相互学习成长，只有教育主导性和主体性相统一，方能完善主客体关系构建。思政课的教学过程，是在教师和大学生两个主体的反馈交流中进行的。思想政治教育主体间性是教育者与受教育者在教育实践基础上的有机联系，教师和大学生，在教学参与中两者都是主体，但又存在不同点，教育者主体性表现为积极性、引导性、再造性和延展性等属性，而受教育者主体性则是主观能动特点；两者在交往实践的基础上，形成角色互换、性质互换的协同关系，激活思政课的思想引导动力，扩宽完善教育者和受教育者的互动交流路径。

4. 课程性

课程性这一特征是用来区分思政课实践教学与大学生的一般社会实践活动、高校里大学生课程较多、校园生活丰富，有各种各样的社会实践活动，这些活动都可以起到锻炼学生能力、提高学生素质的作用。但并不是所有实践活动都可以称为思政课实践活动。思政课实践教学是隶属于思政课的一种教学方式，有鲜明的思政课程特征。它始终是围绕思政课的教学内容展开的，目的是为了完成思政课立德树人的目标。

5. 参与性

实践教学是在理论教学的基石上由高校教师带领大学生认知自我、认知自然和社会的一系列过程活动。实践从生活来，升华于生活，教师和大学生的亲身历练，才是实践教学活动的关键所在。然而不仅在其他专业学科出现过重视理论教学、轻视实践教学的重要作用的情况，思政课实教学发展探索过程中也在出现过，导致思政课理论课程中大学生沉浸于空谈及纯理论推演，严重背离了理论联系实践，造成了教育教学脱离生活实际的恶果。而大学生在社会中发现所学知识与真实社会生活不符时，不能用理论知识指引自身时，就会对所学马克思主义理论、毛泽东思想等不自觉持有怀疑态度，进而对中华民族伟大复兴产生动摇，这个结果是不能接受的。

实践教学，是高校思政课教师采用常见的社会生活这一大背景，与大学生一起参与到实际场景中，如果没有了大学生对实践教学活动的亲身体会和亲身参与，实践教学就没有其最本质的价值，思想政治理论知识，对于大学生这个受教育主体就无从学习验证，更谈不上什么巩固加深了。实践教学的参与性特征决定了实践教学活动过程中，必须让大学生切身参与到真实的社会政治话题、经济话题和文化话题中去，在实际社会生活中让思政课理论知识与自身理解和思考一一对应验证，最终把思想政治理论知识消化吸收为自己正确而独有的思想认知和价值观念。

（四）高校思政课实践教学的类型

实践教学经过长期的发展，也逐渐形成了不同的类型。以下介绍的是按实践场所为划分标准的四种不同类型。

1. 课堂实践教学

课堂实践教学是指学生在老师的指导下，在思政课堂中进行的各种实践活动。主要有课堂讨论、案例分析、主题辩论、观看相关的影像视频等方式。课堂实践教学虽然有耗时短、反馈及时、易组织等优点，但同时也有学生兴趣不高、参与度低、时间和地点限制较大等局限性。

2. 校内实践教学

校内实践教学是指除去课堂实践教学之外，发生在学校校园里的一切实践教学活动。主要有参观校史馆、聆听专家讲座、社团活动、知识竞赛等方式。虽然校内实践教学相比课堂实践教学的时间、地点限制较小，但是也有思政课知识指向性不够明确、学生获得感不高等问题的存在。

3. 社会实践教学

社会实践教学是指在校园外进行的所有与思政课相关的实践活动，主要有社会调研、志愿服务、参观红色基地等。社会实践教学的功能性较强，学生经过实践活动的洗礼，了解社情、国情、党情，激发爱国爱党热情，养成关心社会的习惯，增强对思政课理论知识的吸收和理解，提高自身的综合能力。但社会实践教学的组织过程较为烦琐，所需时间较长，对地点的限制性也较高。

高校思政课与社会实践之间联系紧密，两者之间的关系可以从以下两点进行说明。

（1）社会实践是思想政治理论的源头

思想政治理论作为培养人的思想价值观念的理论知识体系，对社会思潮及个体思想价值观发展有着深刻影响。中国革命事业与社会主义建设事业，就是促使思想政治理论产生、发展与丰富的最广泛的社会实践活动，当代思想政治理论就是源于社会实践。在不同的时代，在不同的社会实践活动中，会产生不同的思想政治理论内容，丰富了思想政治内涵，对社会发展产生指导的作用，推动了社会发展。当代思想政治理论知识体系的建设与完善，正是源于不断的社会实践。社会实践是思想政治理论产生的源头与根基，任何思想政治理论知识的产生、发展与完善，都离不开社会实践，社会实践是其产生、成长，乃至不断反思完善的土壤。

（2）社会实践能够检验思想政治理论

在社会实践活动中，思想政治理论有指导作用，同时社会实践活动能够检验并修正思想政治理论，丰富其内涵、调整其方向。人类社会是不断发展的，社会实践环境与要求也会不断变化，当客观环境产生变化之后，原有的思想政治理论体系与内容可能会出现一些与时代发展不相符的矛盾与冲突，而无法满足指导社会发展的要求，因此需要与时俱进、自我更新与发展。欧洲社会主义革命以夺取大城市为主要军事斗争方向与手段，而中国国情不一样，围绕城市展开革命斗争很容易被围剿，农村包围城市才是正确的路线，才是对马列主义中军事斗争思想政治理论的活学活用与实践检验。由此可见，社会实践是检验思想政治理论正确与否的有效途径与重要手段，也是最终促进思想政治理论丰富发展与完善的根基。

4. 虚拟实践教学

虚拟实践教学是指以虚拟网络为载体，在思政课老师的指导下，学生充分发挥主人翁精神进行的一系列实践教学活动。它主要是通过信息技术手段建设虚拟实践教学平台，如思政课专题网站、数字化革命博物馆、红色文化体验馆、思政课手机客户端App、制作思政课微电影等。

（五）高校思政课实践教学的作用

1. 能够指导高校思政教学

时代是思想之母。新时代中国特色社会主义思想，是新时代思想的精髓所在，更是全国各高校思政课教育教学的强大理论武器，作为思政课的有机组成部分，思政课实践教学自然以先进科学思想为指导，以先进的时代思想为指导使思政课实践教学天然具有鲜明的时代特色，使得思政课实践教学方向更加契合新时代成长起来的大学生学习兴趣，如焦裕禄红色基地实地学习、使用虚拟现实技术体验先烈艰苦奋战等。同时以培育大学生正确"三观"的课程，在实际教学过程中，以目标为导向、以大学生为主体导向、以解决问题为导向、以坚持教师学习参与为导向，使其天生具备更有效的导向性。与此同时，对比新时代下思政理论课的教学过于理论、易陷于枯燥和单调的缺点，思政课实践教学使用实体教学资源，使当代大学生更容易激起学习和探索的动力，为思政课理论教学提供强有力的辅助补充。从对比思政课理论教学这个角度而言，思政课实践教学也具有更有效的导向作用。在新时代，思政课实践教学具有鲜明的时代导向性。

2. 为高校学生提供实践平台

创新才是一切发展的源泉。高校思政课教育教学同样也是，只有不断创新，才能历久弥新，吸引大学生关注和学习，才能培养出富有创新精神的大学生。

思政课实践教学创新点主要凸显在课程形式创新上。思政课实践教学的形式需要依据实际课程的目标结合实际能够提供的资源而定，因此实践教学的形式不是一成不变的，历程持续地调整和革新，因而显得更具创新性。多彩多变的实践教学形式更有利大学生的理解和学习，同时高质量的教育教学效果推动着实践教学形式继续创新发展，两者形成有效的相互促进作用。再者在不断推陈出新的实践教学课程这个大平台上，多变的教学形式，营造出自由、宽松、公平检讨、创新性氛围，对大学生创新意识、创新思路的意识培养和锻炼起着重要的引领作用。

3. 提高思政课教学的实效性

思想政治理论课程体系建设相对完整以后，就会发展成为思想政治教育课程教学活动开展的知识框架，在引导社会思潮与个人思想价值观建设方面发挥着重要作用。在思想政治理论课程建设与应用过程中，由于理论知识学习更适合采用课堂教学模式，因此加强思想政治理论教学就成为一种现实选择。在现实中，部分高校师生在开展思想政治理论教学活动时，由于缺乏实践模式与路径，而局限于理论自身，没有将理论课程建设与具体实践内容有效融合起来，使其对社会实践的指导作用没有得到发挥，教学过程容易产生一种空洞乏味的说教感，造成思想政治理论课教学缺乏实效性。真正的思想政治理论课应该能够通过理论学习，应用所学理论来分析社会问题，指导解决实践中遇到的现实问题，并且能够切实从思想观念上及人生价值观方面为个体成长提供引导与帮助。缺乏社会实践活动可能导致思想政治理论课教学活动出现无法着力的情况，而且也不利于思想政治理论课程的新建设与新发展。对于思想政治理论课教学特点与需求而言，社会实践能够增强其实效性，引导其真正生根、成长与壮大。

4. 凝聚了大学生的行为和思想

凝聚就是使用特殊的方法和手段将看似不同、千差万别的个体或个人凝聚为朝着一个方向一块儿用力的强大力量，为实现社会主义的伟大目标而不懈努力。

思政课实践教学因其不同于课程的强理论性，具有自身灵活多样、丰富多彩、与社会联系紧密、互动检讨性强等诸多优点，可以在课程上检讨社会的热点问题，也可以在课堂外进行具体的社会实践和调查活动，十分有利于当代大学生在繁多的环境中潜移默化地吸收思政课理论知识，使得性格各异的大学生形成团队精神和合作意识，对团队计划和团队目标产生认可和责任感，最终全员参与、协同互助，形成个人的目标和行动与团队的目标和行动得以统一，在思政课实践教学过程中，使大学生的行为和思想得到最有效的凝聚。

5. 能够疏通、调节高校学生的身心

身体健康和心理健康成长是大学生实现自我追求和贡献社会的基本条件。当前社会快速发展，信息接收渠道繁多，大学生对目前高校思政课课堂教学存在心理上的排斥，产生对思政课教学模式不满意、对思政课教学价值不认可等心理。因此，建立良好的疏通路径，形成良好的教育教学氛围至关重要。

思政课实践教学可以将枯燥的理论性知识和概念，变得不仅富含知识点，而且极具吸引力，并且自然地融入实践活动中，充分激发大学生的学习兴趣，在实践教学过程中形成良性的多层次持续互动，在互动中知识得以系统性学习、理论得以深化，有质有量地提高教学成果。在这个动态过程中，有效地减少大学生的学习压力、生活交际的压力和面对未来就业的压力，使其身心得以疏通调节，促进大学生全面发展。

6.能够将理论知识运用到具体实践中

思政理论课程教学单调枯燥的缺点激不起大学生汲取理论知识的兴趣，而此时思政课实践教学可以对其进行有力的补充。

在形式繁多的思政课实践教学过程中，大学生的自身知识和才能得到潜移默化的提升，既能陶冶情操，又能坚定自身信仰、信念，还能丰富自身学习经验，提升解决错综复杂问题的能力。在发动大学生学习主动性的条件下，推动大学生从实际的课堂理论中走出来，转而进入具体实践中。在此过程中，可以对大学生的思想和行为产生潜移默化的作用，为大学生思想和观念的转化提供一个广阔的舞台。

在参与实践教学活动中，大学生可以从思政课的角度接触社会，思考社会热点，深入了解国际及国内形势。经过切实感受，使大学生不知不觉中消除对党和政府的错误认知和误解，升起对党和国家的热爱，坚定自身的理念信仰，将强烈的爱国主义转化为社会主义建设的实际努力，最终高校思政课实践教学肩负起将理论知识内化到具体实践教学外化的桥梁重任。

第三节　高校思政教学与中华文化的渗透

一、中华文化渗透相关概念

（一）文化的概念

专家学者从各自的角度来阐释文化这一对象，概念解说颇具分歧，尚未达成共识。有时文化广义地将所有文明成果纳入，外延被无限放大；有时却从特定的文化现象出发，用文化实践专指文化。故而本书只有界定了"文化"的概念范围，才能开展明确指向的研究，才能将中华优秀传统文化同思想政治教育联系起来，研究两者相互浸润的概念逻辑体系。

中西方对文化有不同的解说视角。西方视域下的"文化"源于拉丁语"cultus"，由自然界的万物生长耕作延伸到人基于社会活动而形成的精神产物，是同自然相对应存在的附着人为性的事物。美国的菲利普·巴格比（Philip Bagby）将"文化"定义为"剔除了社会成员遗传之外的内在和外在的行为规则"[①]，纯客观的现象与文化事实分离，正如食用的生理反应与文化无关，但各地的饮食习惯则被纳进文化范畴。爱德华·泰勒（Edward Teller）指出"文化或文明是一个复杂的整体"[②]，有序地罗列在人类社会之中，涵盖了艺术、知识和行为等内容。我国的"文化"则拆分成"文""化"二字，《易传·象传上》中将"文明以止，人文也"中的"文"意为"纹理"，《论语·雍也篇》则说"文质彬彬，然后君子"，"文"在质化的纹路之外多了人性色彩，译为"文采"。《说文解字》将"化"理解为"教化"，即有化文为行之义。合用"文化"二字时，我国文化释义同西方大致相似，从自然的存在物质、规律秩序深化为包括人文价值、精神品质在内的存在方式。

近代以来，随着文化学研究的深入，中西方学者对"文化"进行了多角度的研究，基本确认了文化的特征和外延。首先，文化限于人类特有的集合体，是人类经过学习、劳动逐渐创造和传递的产物。在文化的早期，思想是其主要表现形式，而后又逐渐延伸到理论、法律、制度和意识形态，即人在实践过程中不断进行的精神、物质生产获得的文化产物及传播文化的手段。其次，文化是共享性存在，覆盖整个社会共同体而不是单个人的思想、观念和行为意识，精神文化成果也只有渗透到社会，形成文化共识被大众接受以后，才能成为文化本体，表现出在某一特定空间和时期内群体共享的倾向。例如社会成员的共同信仰、社会价值观念及在长期的生活中形成的生活习俗和民族传统，具体表现为物质、观点和信仰形态的文化集群。

整合文化的特征，我们可将文化的概念逐渐分成为广义与狭义两大部分。广义文化表述为经过人为性行为获得的共享性社会事物的总和，是人经由实践对环境改造的精神、物质成果，趋同于"社会"的概念；而狭义文化是人类精神层面的活动与成果。

（二）中华文化的概念

中华文化是指在中原文化基础上不断演化和发展而成的中华民族共同体文化。

---

① 巴格比，等. 文化：历史的投影[M]. 夏克，等译. 上海：上海人民出版社，1987.
② 泰勒. 原始文化[M]. 连树声，译. 上海：上海文艺出版社，1992.

中华文化是一个完整体系，包含了中华古代传统文化、中国近现代革命文化、现代中国特色社会主义文化。十九大报告指出："中国特色社会主义文化，源自于中华民族五千多年文明历史所孕育的中华优秀传统文化，熔铸于党领导人民在革命、建设、改革中创造的革命文化和社会主义先进文化，植根于中国特色社会主义伟大实践。"[①] 可知，中华文化的核心是中华民族优秀传统文化，中国特色社会主义文化是中华文化的最新表现形式。

（三）中华文化渗透的概念

"渗透"一词从现象上指的是液体从空隙中透到另一物体之中，就如雨水渗透泥土的物理现象；从文化学上来看是思想、管辖范围向其他个体拓展、取代的延伸意义。异质文化在交流过程中，经由文化信息的选择、比较和模仿会逐渐形成与文化本体相一致的新生文化体，而这一过程即为文化渗透。文化间存在文化势差，强势文化会对弱势文化进行文化输出，传递本文化体系内在的价值理念并约束其他文化的发展态势，使之衍生为子文化。

所谓中华文化渗透是指将中华文化融入高校思政教学中，具体体现在课堂教学和非课堂教学。课堂教学体现在对学生精神、思想等方面的影响，非课堂教学体现在实践应用方面。

二、高校思政教学与中华文化之间的联系

（一）中华文化能够推动高校思政教学功能的实现

高校思政课程发挥的主要功能是思想政治教育功能，中华文化在高校思政教学中的渗透能够促进高校思政教学功能的实现。中华文化是中华民族经过不断积累和长期奋斗而形成的，是中华各族人民社会生活的反映，中文化民族精神和美德更是中华文化最本质和最集中的体现。在高校思政课程教学中推动中华文化的渗透和传承既是高校师生发展的需要，也是高校思想政治教育自身实现生态发展的需要。

（二）高校思政教学推动了中华文化的传承

"传承"从字面释义来看，"传"就是传授、传递，"承"就是继承、领纳。传承既是一个动词，同时也表现一种状态。"传承"这一概念最先用于民俗学研究，但并不局限于民俗学范畴，当代文化传承的视角包含了物质文化和非物质文化传承。文化传承从不同角度可以有不同的定义。从教育学的角度，文化传承被认为

---

① 习近平. 决胜全面建成小康社会 夺取新时代中国特色社会主义伟大胜利——在中国共产党第十九次全国代表大会上的报告[N]. 人民日报，2017-10-28（03）.

是教育最基本的功能,即社会通过教育等手段将前人所积累的生活经历、言行准则、人文科技知识等,有计划地传递给下一代人。高校是中华文化传承的重要载体,在高校思政教学中渗透中华文化,极大地促进了中华文化的传承。

第二章　高校思政教学中红色文化的渗透

红色文化是近代革命文化重要的组成部分，在高校思政教学中渗透红色文化对高校思想政治教育发挥着重要作用。本章内容为高校思政教学中红色文化的渗透，主要从三个方面进行了介绍，分别为红色文化概述、红色文化的渗透、红色文化的渗透路径。

第一节　红色文化概述

一、红色文化的相关概念

（一）红色的概念

"红"有"象鲜血那样的颜色；象征革命或政治觉悟高；象征顺利、成功或受人重视、欢迎；象征喜庆的红布；红利；红茶"[1]的意思。在这几个意思中，通常一般人对其含义的理解都是词典中的第一个意思——表示颜色，在中国传统文化习俗和喜庆节日（结婚、寿辰、春节等）中，红色用来表达喜庆、欢乐、美满、幸福和吉祥。红色除了表达这些意思之外，还象征着能够影响和推动着无产阶级革命的进程和发展。从 1921 年中国共产党成立以来，党根据国家发展历程在各阶段制定的相关章程、方针、路线及政策的确立，还有红色党徽、党旗、军装及军功章的设计，日常生活中人们熟悉的红歌、红军、红旗、红领巾等事物和革命遗址的修复建造等，让红色在历史长河的发展过程中逐渐成为中国共产党的象征，红色的旗帜一直引领着党和人民不断前进和发展，并在一次次战胜艰难险阻后取得令人瞩目的成绩和胜利。由此可以看出，"红色文化"的"红色"是采用词典的第二个解释。

---

[1] 倪文杰, 等. 现代汉语辞海 [K]. 北京：人民中国出版社, 1994.

（二）红色文化的概念

红色文化是中国共产党在领导人民经过长期革命斗争，争取民族独立、人民解放及社会主义建设过程中逐渐形成的一种带有政治功能、教育功能的特殊文化。红色文化的特殊就在于它是符合中国历史、中国国情、中华民族传统文化的，并且融合了马克思主义理论，又反映了广大人民群众的理想信念和精神追求的一种文化。红色文化也是中国共产党和广大人民群众通过自己的经历和充分的实践形成的一种文化，它反映了中国共产党的发展历程，红色文化中所蕴含的内容和精神就是中国共产党精神的体现。我们可以看到，无论社会怎样发展、文化的形式和内容怎样变换，红色文化永远是先进文化，永远是文化的优秀代表。今天，我们之所以要继续传承和弘扬红色文化，就是因为红色文化的精神和内涵对现在中国特色社会主义建设依旧具有现实价值和意义。当下，红色文化内容的丰富性、教育形式的多样性、文化精神的引领性对当代大学生进行思想政治教育依然具有指导作用。

从红色文化的内涵来说，可以把红色文化分为物质层面、制度层面和精神层面。物质层面的表现形式有烈士陵园、重要会议会址、领导故居等；制度层面主要表现为党在革命时期、建设时期、改革时期形成的体制机制、纲领、路线等；精神层面主要表现为红色精神、红色思想、红色观念等。

从红色文化的主体来看，其创造的主体主要是中国共产党，也包括了劳动人民。因此，它的创立时期的定位应该是中国共产党的成立，但是其从五四运动开始，其实就已经萌芽了，党的成立只是明确了它的阶级基础，将其规范化。

从红色文化的历史过程来看，其是在革命、建设和改革等不同历史阶段实践中积累丰富起来的，不同时代所集中反映的精神形态虽然不同，但所弘扬的精神实质是相同的。毛泽东认为中国共产党党史的研究，不应该只从1921年说起，而最好是从五四运动说起。所以，红色文化应该从五四时期起，包含革命、建设和改革发展的全过程。

从红色文化的内容来看，传承至今的红色文化内容庞大、资源广泛，集合政治、经济、文化、历史等资源为一体，蕴含丰富的价值和功能，涵盖了物质、精神、制度等多方面的内容，因而说它是时代影响下的文化综合体。

二、红色文化的形成与发展

（一）红色文化形成的性质

红色文化是在中国共产党成立前后逐步形成的，它充分体现了中国共产党的文化，是根据中国共产党的经历、主张、思想逐步形成的一种特殊文化。"红色"在我们国家不仅代表一种颜色，我们还为这种颜色赋予了意义。"红色"通常代表着喜庆、热情、红火、积极、乐观、开朗。中国共产党将这种充满热情和力量的颜色作为自己的代表，例如红军、红旗、红色政权。对于中国共产党来说，红色不仅代表了喜庆和热情，更代表了不畏流血和牺牲，勇往直前、拼搏奋进的勇气。红色可以说是中国共产党的颜色，所以，中国共产党的文化也可以说是红色文化。红色文化包含三个层面的内容：第一，红色文化的形成具有历史性，是在特定的历史时期形成的；第二，红色文化的形成具有主体性，是由中国共产党和中国人民共同创造产生的；第三，红色文化的形成具有科学性，是根据马克思主义理论和中国实际形成的。

（二）红色文化的发展阶段

红色文化的形成不能与中国共产党割裂开，它是中国共产党成长成熟的历史见证，是革命过程的精神积淀和经验总结。红色文化的发展历程可分为以下四个阶段。

1. 源起阶段（1919—1921 年）

外国资本主义的入侵是中国在近代沦为半殖民地半封建社会的直接原因。为了挽救民族危亡，早期国内进行了太平天国运动、维新变法、洋务运动、辛亥革命等多次实践，在内外夹击下都没能改变当时中国落后腐朽的面貌。俄国十月革命的胜利，让中国人民在悬崖边绝处逢生，1919 年五四运动，马克思主义新思想在中国获得极大传播，传递新文化新知识，起到了思想启蒙和方向引领的作用。"爱国、进步、民主、科学"的五四精神体现了民族性、先进性和科学性，成为红色文化精神的最初形态，红色文化也由此源起。1921 年，中国共产党的成立，赋予了红色文化以创造主体，成为红色文化发展演进的阶级基础。但由于封建腐朽的根深蒂固，新兴的先进思想文化在红色文化诞生的初期，只是在思想进步人士之间传播，缺乏较强的广泛性，形成了所谓的"精英文化"。

2. 成熟阶段（1921—1949 年）

红色文化的缔造主体是中国共产党，可以说，1921 年中国共产党的成立是红色文化形成的标志。中国共产党以马克思主义先进理论为指导，宣传执政理念和思想，引导红色文化有了正确的发展方向，红色文化展现出的优秀文化内涵才逐渐在人民群众中被学习、传承。新民主主义革命时期，毛泽东思想的发展成熟促进了红色文化的蓬勃发展，红色文化的思想内核也逐渐转变为"革命"，形成了革命文化，成为这一时期红色文化的内涵形式。

3. 发展阶段（1949—1978年）

从中华人民共和国成立到改革开放前这段时期，红色文化在前期基础上巩固并繁荣发展，从区域向社会主流迈进。中华人民共和国成立以后，社会主义政治、经济、文化建设工作相继快速发展，营造了红色文化发展的有利环境，红色文化也逐渐从新民主主义向社会主义特色过渡转型。在这一时期，思想文化呈现出"百家争鸣"的特点，涌现了一大批包括文学、影视、戏剧、舞蹈等方面的经典红色文化作品，并在人民群众中广泛传播，实现了大众化目标。

4. 传承创新阶段（1978年至今）

改革开放以后，社会主义文化建设迈上新台阶，红色文化在时代更新过程中挖掘出新的价值，不仅体现革命时期、建设时期的文化成果和红色元素，也展现出与时俱进的时代风采。国家领导人高度重视文化发展对于中国特色社会主义建设中的重要作用，明确了文化发展的方向。党的十八大以来，"文化强国"战略的提出，让红色文化的传承发展再度掀起热潮。习近平总书记多次指出要重视红色基因的传承，无论走多远都不能忘记党的初心和使命。新的历史条件下，脱贫攻坚精神、伟大抗疫精神、钉钉子精神等为红色文化注入了新的内涵，创新了红色文化的内容和形式。

（三）习近平总书记关于红色文化的重要论述

习近平总书记关于红色文化作了很多重要的论述。习近平总书记一再嘱咐大家要把红色基因传承好，确保红色江山永不变色。红色是中国共产党最鲜明的政治底色，红色文化是中国共产党创立的，是指引人民不断前进的精神方向，是使国家长盛不衰的制胜法宝，红色文化为我们国家取得一次又一次的胜利提供着不竭的动力。

习近平总书记曾强调，"要把理想信念的火种、红色传统的基因一代代传下去，让革命事业薪火相传、血脉永续"。[①] 对我们来说，红色文化是信仰、是追求，是无私奉献、是敢为人先。所以，习近平总书记深刻阐述了新时代传承红色基因的一系列重大理论和实践问题，提出了一系列重要思想、重要观点、重大举措。习近平总书记在许多重要场合深刻阐述了红色基因精神的本质内涵和时代价值，我们要准确把握红色基因的深刻内涵。

习近平总书记指出："学习党史、国史，是坚持和发展中国特色社会主义、把党和国家各项事业推向前进的必修课。"[②] 坚持把学习党史作为党员干部的必修

[①] 习近平主席出席全军政治工作会议侧记 [N]. 人民出版社. 2014-11-03（02）.
[②] 习近平：在对历史的深入思考中更好走向未来 交出发展中国特色社会主义合格答卷 [N]. 人民日报，2013-06-27（01）.

课,充分挖掘纪念馆等域内红色资源,组织开展"重走抗联路,共筑民族魂"主题系列活动,使广大党员干部在聆听、讲解、观看陈设物品、阅读历史资料的亲身体验中,感悟革命精神、汲取革命力量。同样的,作为当代大学生,更应该学好党史、国史,不忘历史、引以为鉴,用党的光荣传统、民族的历史优势,更好地建设和保护好我们的国家,使国家越来越强大、人民越来越自豪。

习近平总书记强调:"要讲好党的故事、革命的故事、根据地的故事、英雄和烈士的故事,加强革命传统教育、爱国主义教育、青少年思想道德教育,把红色基因传承好,确保红色江山永不变色。"[1] 习近平总书记在参观复兴之路展览时讲述了陈望道的故事,真理的味道如此甘甜,以这段故事讲出了共产党人信仰的力量、思想的力量和价值的力量。我们要把"不忘初心、牢记使命"作为加强党的建设永恒课题,作为全体党员干部的终身课题。讲好红色故事,不是简单地说说就可以的。要想讲好红色故事,就必须要充分了解历史、了解过去、了解要讲述的故事的来龙去脉、了解故事蕴含的意义和道理,同时还要将故事背后所蕴含的精神和情怀讲出来。

历史是不能忘记的,忘记历史就等于背叛优秀的文化传统。我们要旗帜鲜明地反对和抵制历史虚无主义。习近平总书记强调:"我们不是历史虚无主义者,也不是文化虚无主义者,不能数典忘祖、妄自菲薄。"[2] 传承红色基因,一方面要理直气壮地与恶意抹黑、歪曲党史国史的各种错误言行进行坚决斗争,对历史虚无主义毫不留情地批判,要防止缺乏事实依据和科学分析的空洞说教和各种不负责任的戏说或演绎,绝不能让其影响红色教育的工作效果。另一方面,要牢牢把握意识形态工作的主动权,政治立场坚定,始终坚持正确的政治方向,理直气壮地开展红色教育,不断创新方式方法和手段,使红色教育、红色传统更好地深入人心。

十九届五中全会公报中指出,"十四五"时期经济社会发展主要目标是社会文明程度得到新提高,社会主义核心价值观深入人心,人民思想道德素质、科学文化素质和身心健康素质明显提高,公共文化服务体系和文化产业体系更加健全,人民精神文化生活日益丰富,中华文化影响力进一步提升,中华民族凝聚力进一步增强。[3] 可见,国家高度重视发展文化事业和文化产业来提高我们国家的文化软实力。我们始终坚持马克思主义在意识形态领域的指导地位,坚定文化自信,坚持以社会主义核心价值观来引领文化产业的建设和发展。

青年是最具活力和想法的群体,国家的希望在青年、民族的未来在青年。党

---

[1] 习近平. 论党的宣传思想工作 [M]. 北京:中央文献出版社,2020.
[2] 习近平:牢记历史经验历史教训历史警示 为国家治理能力现代化提供有益借鉴 [N]. 人民日报,2014-10-14(01).
[3] 中共十九届五中全会在京举行 [N]. 人民日报,2020-10-30(01).

的十八大以来，习近平总书记围绕青年学生成长成才提出了一系列富有创见的新思想、新观点、新论断、新要求，为青年学生成长成才指明了方向。习近平总书记曾指出："新时代中国青年要树立对马克思主义的信仰、对中国特色社会主义的信念、对中华民族伟大复兴中国梦的信心，到人民群众中去，到新时代新天地中去，让理想信念在创业奋斗中升华，让青春在创新创造中闪光！"[①]青少年阶段是最需要关心和引导的阶段。办中国特色社会主义教育，就是要传承好红色文化精神，努力将红色文化渗透到思想政治教育之中，渗透到青年学生成长成才的过程之中，用习近平新时代中国特色社会主义思想铸魂育人。

三、红色文化与高校思政教育的互通性

红色文化是在革命、改革和社会主义建设等不同历史阶段为实现民族富强、社会繁荣而实践的过程中创造的文明成果，是历史发展的特色产物，对于促进社会和谐和文化进步具有重要价值。强化思想政治教育是稳固社会意识形态、丰富社会主义教育事业的重要环节，更是提升社会治理效率、促进社会稳定发展的关键力量。深入探究可知，无论是从内在的理论结构还是外在的实践逻辑，红色文化与思想政治教育之间都具有密不可分、相依相成的关系。

（一）内在互通

育德育行的目标属性和社会主义价值体系内容是红色文化与高校思政教育的内在互通。红色文化和高校思想政治教育在目标上具有一致性，都是以马克思主义理论为指导并结合中国现实巩固马克思主义中国化成果、牢固社会主义意识形态，具有提高认知、坚定信念、情感维系和认同、陶冶情操、锤炼意志、锻造品行、端正方向、改造世界等目标特性。文化是在社会发展中形成的精神力量，能够在潜移默化中滋养心灵、熏陶感染人民群众，进而转化为物质力量指导人们认识世界和改造世界，深刻影响社会变化。新时代大力发展中国特色社会主义文化建设，就是营造积极健康的文化环境，形成内环引导、外环熏陶的新时代育人模式，这同思想政治教育以文化人、以德育人的目标愿景不谋而合。思想政治教育作为一项重要的实践活动，其内容是一定的思想观念、政治观点、道德规范和法律意识等，通过宣传教育手段，达到对社会群体思想道德品质的塑造。红色文化集中体现了爱党爱国、坚定信念、艰苦奋斗、甘于奉献、集体主义、民族团结等优秀文化精神，是树立崇高理想信念、坚定中国特色社会主义自信、弘扬优秀文化和民族精神、引导正确价值取向和规范道德行为的宝贵财富。同红色文化和思想政治教育

---

① 习近平. 习近平：在纪念五四运动100周年大会上的讲话[N]. 人民日报，2019-05-01（02）.

具有相通的目标和内容，这是我们能够把红色文化渗透到高校思想政治教育的前提基础。

（二）实践互通

文化建设的任务要求和正确的发展方向是红色文化与高校思政教育相连的实践互通。在实践中，红色文化与思想政治教育往往相互影响，生动丰富的红色文化资源是思想政治教育传播的媒介载体，思想政治教育又是红色文化发展和进步的风向标。高校开展思想政治教育，借助书籍史料、革命遗址、图片报刊、媒体资料等形态的红色资源，从中提炼精神内核、丰富教育信息和内容，达到教化育人的目的。高校思想政治教育以马克思主义理论为指导，是宣传社会主义、培养社会主义时代新人的主要阵地，始终坚持正确的政治立场和方向，这为红色文化的开发及利用提供了价值引领，并激发了红色文化资源的生命力。

四、红色文化教育的内容

（一）思想道德教育

在毛泽东等共产党人领导革命的过程中，逐步形成全新的革命传统，包括其崇高革命理想、坚定革命信念及新的革命伦理道德，此为红色文化的思想道德内容。

在我国革命传统中，古代优良道德传统是一大渊源。换言之，如果缺乏古代优良道德传统多样化内容及其长远发展，便没有近现代革命传统。对于古代优良道德传统而言，中国革命传统至关重要，是古代优良道德传统的拓展与延伸。中国革命传统蕴藏并弘扬中华民族传统道德精华，剔除其糟粕，成为中华民族传统道德与新时代特征融为一体的新道德，进一步升华了我国传统道德品质。随着共产党的诞生，中国革命传统逐步形成并发展，反映出中国革命的奋斗历程。

（二）科学文化教育

红色文化反对一切封建思想和迷信思想，主张实事求是，客观真理及理论与实践一致。由此可见，红色文化发展具有显著的连续性，展现出实事求是、创新拓展的精神，并且体现出指导思想唯物论及文化取舍辩证法与实践观，反映出社会本质与发展规律。

因为达成了实事求是及理论与实践一致的目标，所以共产党才摒弃了教条主义，于逆境中拼搏奋斗，进而取得新民主主义革命胜利。众所周知，民族性与科学性相互统一。从红色文化角度来讲，其民族性并非将民族传统文化视作唯一重要的文化，不经考察的排斥外来文化，而是汲取民族传统文化精华，剔除民族传统文化糟粕，然后在此基础上借鉴外来优秀文化。因此，红色文化的科学性与教育性十分显著。

五、红色文化的表现形式

（一）物质形态

恩格斯的物质观表明："物质无非是各种实物的总和。"[①] 从物质层面看，红色文化表现为外在的、可视化的客观物质存在，是记录了革命建设和改革的伟大事迹的物质实体。比较常见的就如革命遗址遗迹、历史文物、人物居所，以及保留下来的书籍报刊、标语、影视材料、文艺作品等。为了铭记历史，后代人建立起来的纪念馆、博物馆、烈士陵园等，也可称为红色文化的物质载体。因此，物质形态的红色文化也并非单一的，而是多式多样、不断丰富的。以物质存在为载体传承红色文化，是其得以存续和建设、发展的物质基础。这些物质不仅仅是存在本身，而且深刻记录着中国共产党带领中华儿女艰苦奋战的历史光影，反映着前辈们不屈不挠、奉献自我的大无畏精神，警醒着世世代代的中国人民：幸福生活的来之不易，要不忘初心、不忘历史。总体来看，可以把物质文化分为两大类，即红色文化遗址和红色文化产品。

1. 红色文化遗址

红色文化是社会主义和谐社会的重要组成部分，具有历史研究、警示教育和文化传承等重要价值。红色文化遗址主要是指革命历史遗存和纪念的场所，如红色文化遗址、遗迹、遗物，革命纪念馆、纪念碑、纪念堂等。红色文化遗址是中国共产党领导人民在革命斗争过程中遗存下来的，具有文化价值及纪念意义的旧址、纪念物及战斗遗迹的统称，是红色文化的物质载体。

2. 红色文化产品

红色文化产品也可以分为两种：一种是包括诗歌辞赋、小说著作等在内的文学作品；另一种则是歌颂红色历史、传唱红色精神的影视歌剧创新作品。《七律长征》是毛泽东同志翻越岷山后激情澎湃写下的壮丽诗词，其中有一半词句都是对红军在四川境内艰险历程的描写，高度赞扬了红军不畏艰险、勇往直前的斗争精神。罗广斌、杨益言创作了小说《红岩》，集中展示了江竹筠在地下开展革命工作中坚贞不屈的革命气节和崇高精神，让这段红色历史得以传承。后来反映江姐的歌剧、电视剧相继问世，成为红色题材的优秀作品。近年来，舞剧《努力餐》反映了革命烈士陈耀先在地下工作的传奇事迹；大型交响乐《红色丰碑》以交响

---

① 马克思，等. 马克思恩格斯全集：第一卷[M]. 北京：人民出版社，1995.

乐带领人民追忆长征艰险而悲壮的历程。时代的进步让饱含红色情愫的文艺作品纷至沓来，而这些文艺作品也在不断创新着红色文化的传承方式。

（二）精神形态

对于精神的解释，黑格尔哲学认为，人的精神包含了人的情感、意志等生命体征，也包含了人的自我意识。不同于物质形态的客观存在，红色文化的精神形态是从客观物质或文化深层结构中凝练出的值得传承和弘扬的精神状态，集中体现为红色文化的物质和制度所承载的革命主体精神。红色文化是特定历史时期社会发展的产物，因而红色文化精神就是我们党领导中国人民在民族发展过程中所创造的精神财富，体现了一定历史时期的主流价值观和思想精神，对于千千万万人民群众发挥着思想引领的作用。

从红色文化起源来看，红色文化精神最早可以体现为以爱国主义为核心的五四精神，在中国共产党百年历程中，又凝练了众多令人敬畏、可歌可泣的红色文化精神。在不同时期，红色文化所表现出的精神形态也并非一模一样，不是固定不变的，而是符合时代要求的理想追求。红色精神包含长征精神、苏区精神、伟人精神、"两弹一星"精神、"三线建设"精神等，在新时代发展中，又融入了抗震救灾精神、伟大抗疫精神、脱贫攻坚精神等，更新了民族精神谱系，丰富了红色精神的内涵。

（三）制度形态

制度，即在一定历史条件下形成的，需要全员共同遵守的规章、准则等。红色文化的制度形态，体现为在民族复兴历史中形成的包括理论、路线、纲领、政策、方针等在内的一系列规范体系和行为模式。它是在红色物质文化和精神文化的基础上产生的，是为了保障物质形态和精神形态的文化得以长久留存和传承，因而设立了各种规章制度、政策法规等，来规范、指导人的行为，我们把所有的这些规范统称为制度文化。但是，红色制度文化有一个根本性的特点，那就是在中国特色社会主义制度的总框架下，引导、教育红色文化的创新发展。具体而言，其存在形式是多种多样的，体现在经济、政治、社会、法制、文化等方方面面。

六、红色文化的特征

（一）政治性与人民性

鲜明的政治性和彻底的人民性是红色文化的首要特征。红色文化产生于无产阶级革命时期，是中国共产党反帝反封建的先进文化，它真正地实现了政治性和人民性相统一。

1. 政治性

政治性是无产阶级革命时期最明显的特征。红色文化始终与人民处于同一立场，始终与广大人民群众的政治观点相一致，不管任何时候，都始终为国家和人民服务，这充分体现了红色文化的政治性。新民主主义革命时期，通过红色文化的实践和红色文化精神的传播，推动了当时无产阶级和资产阶级思想的改造及社会主义教育的发展，为新生红色政权的巩固和发展奠定了坚实的思想基础。

2. 人民性

红色文化始终扎根于人民群众之中。红色文化具有人民性。红色文化所反映的是全国人民对未来的向往和精神的追求。红色文化的内容是人们根据实践得来的，红色文化的发展是由人们共同努力取得的，因此红色文化的传承仍然需要依靠人民。人民群众在红色文化的各个时期都发挥了巨大的作用。同样的，红色文化不管在什么时期都要充分体现人民群众的最根本的意愿，不能有半点马虎。红色文化的发展要依靠人民，同时红色文化取得的成果也要和人民共享。所以说，人民性始终是红色文化的出发点和落脚点。

红色文化的人民性主要体现在三个方面。首先，红色文化是由人民创造的。人民群众在中国共产党的带领下，在社会主义革命、建设和改革的伟大实践中不断创造并发展红色文化。例如沂蒙山人民支前、淮海战役的胜利等。其次，红色文化依靠人民传承。红色文化作为一种先进文化，如果仅仅依靠中国共产党人的传承是远远不够的，需要所有人民群众积极宣传、自觉学习、勇于实践，才能长效发挥功能和价值。最后，红色文化是为人民服务的。中国共产党带领人民进行无产阶级革命战争，为的就是拯救人民群众于水深火热中，实现自由，让人民"站起来"；中国共产党带领人民进行改革开放，为的就是改变人民群众的生活方式，实现平等，让人民"富起来"；中国共产党带领人民创造美好生活，为的就是提高人民群众的国际地位，实现富强，让人民"强起来"。

（二）阶级性与革命性

1. 阶级性

红色文化的政治性和阶级性相互联系、密不可分。现实社会中的个体一定都会属于一个阶级范围之内，不可能存在某一个个体不在任何一个阶级范围之中，某个个体不在任何一个阶级范围之中的这种现象是不符合逻辑的情况，基本是不可能发生和存在的。因此，红色文化参与者的阶级性就会决定红色文化内容的阶级性。每个阶级都有自己的文化，不同阶级有不同的文化，因为每个阶级都有属于自己本阶级所需要的文化，其他阶级的文化不适用于自己的阶级层面。同样的，他们之所以选择本阶级的文化也是因为这种文化最能代表他们的利益。在新民主主义革命时期，红色文化属于新兴的阶级文化，它和以前的那些阶级文化截然不同，它是无产阶级所需要的文化，它是代表无产阶级利益的文化，红色文化中的核心精神代表着这种文化只能被无产阶级所认可和接受，是他们自己的文化。红色文化体现了仅属于无产阶级人民群众的精神诉求，所以具有阶级性。

2. 革命性

红色文化产生于革命年代，标志着其从诞生的那一刻起就蕴涵着革命性这一重要特征。首先，从历史经验来看，红色文化只有具备了革命性，才能走向成功。自鸦片战争以来，各社会阶级就开始寻求救国方案，封建地主阶级的自救运动、资产阶级改良派的变法运动均以失败而告终，但给后人指出了一条明路：改革的道路行不通，唯有革命才能成功。其次，由中国共产党的奋斗史决定的。1921年，中国共产党第一次全国代表大会的召开，确立了要以无产阶级革命军队推翻资产阶级的统治的奋斗目标；中国共产党第二次全国代表大会则对革命的性质、动力和对象进行了详细的分析，让红色文化在每个历史时期都是通过革命、通过战争取得最终的胜利。这就从本质上就说明了红色文化是革命性的。

（三）理论性与实践性

1. 理论性

红色文化在最初形成阶段时就借鉴了马克思主义，使其作为我们形成红色文化的科学依据。中国共产党是马克思主义政党。一直以来，中国共产党始终结合中国实际来运用马克思主义，马克思主义也为中国共产党提供了科学的世界观和方法论，成为党准确把握不同历史时期的革命和经济建设的重要工具。我们在准确把握马克思主义基本原理的基础上，充分结合我国实际，创造性地实现了马克思主义中国化的首次理论突破，创立了毛泽东思想，为红色文化在中国发展壮大打下了基础。改革开放后，邓小平同志、江泽民同志、胡锦涛同志通过不断实践，使马克思主义中国化实现了第二次理论飞跃。党的十九大提出了习近平新时代中国特色社会主义思想。习近平新时代中国特色社会主义思想是当代中国的马克思主义，也是马克思主义中国化的最新理论成果。它继承了马克思主义的理论价值，同时又兼具实践意义，是理论和实践的有机统一。习近平新时代中国特色社会主义思想是符合当今时代需要的，是全党、全国人民的理论瑰宝和精神财富。

2. 实践性

红色文化是中国共产党和人民群众在实践中总结出来的宝贵精神财富。从红色文化的形成过程来看，红色文化是具有实践性的，其实践性推动了它本身的发展，其实践性也确定了它未来的发展方向。红色文化源于实践，也是从实践得来的。红色文化的发展史，就是党和人民经过不断努力、不断拼搏的生动写照。红色文化之所以能够一直被人们所接受和认可，就是因为它始终从人民的实践中而来，始终被人民所需要，始终根植于人民。

（四）时代性与先进性

1. 时代性

任何一种文化都是在某一特定的历史条件下，结合当时的时代特点而形成的。文化是时代发展的产物，每个时代都会形成一种属于这个时代的文化，红色文化同样如此。红色文化形成于新民主主义革命时期，那么它的形成必然符合当时历史条件下的政治、经济、思想等状况。红色文化形成之时正是中国人民开展反帝反封建的革命时期，它的形成是那个时代所需要的，所以红色文化才能够在那个时代形成。因此，红色文化具有鲜明的时代性，在不同的时代发挥着不同的作用。在革命战争年代，红色文化能够充分调动广大人民群众反帝反封建的积极性，能够激发人民群众主动参与到革命斗争中来，也能满足人民群众的精神需求。改革开放时代，红色文化能够引领广大人民群众积极参与到改革和创新之中，能够帮助人们改变传统思想，迎接时代潮流，从思想上主动为改革和社会经济发展作出自己的贡献。在社会主义新时代，红色文化同样被赋予了新的生机与活力，红色文化增添了一些新的符合时代需要和时代特色的内容。可以说，在不同的历史时期、在不同的时代，红色文化都被赋予了符合时代特色的内容和意义。所以说，红色文化具有时代性。

2. 先进性

红色文化的先进性体现于它在各个历史时期都成为引领社会思潮的先进文化的重要体现。在新民主主义革命时期，红色文化不仅成为社会的主流，更是成为众多文化的"领头羊"，领导着其他文化一起成为"毛泽东思想"这一科学理论体系的重要组成部分。在社会主义革命和建设时期，红色文化展现出来的精神风貌和价值追求成为那个年代人人争先恐后学习、践行的示范榜样。而到了改革开放时期，中国特色社会主义共同理想、民族精神、时代精神、社会主义荣辱观、社会主义核心价值观等先进思想都与红色文化紧密相关，同时红色文化所蕴含的许多精神和品质成为今天加强爱国主义教育、理想信念教育、社会主义核心价值观培育等的重要内容。所以说红色文化具有强烈的先进性。

（五）民族性与开放性

1. 民族性

马克思主义认为，人民群众是历史的创造者，但是它们并不是在选定的特定历史条件下，随心所欲、不受任何约束地创造历史，而是在某种既定的、从历史上继承下来的条件去创造历史。[①]红色文化的产生受当时历史时期的影响，它的形成既有对传统文化的继承又有对传统文化的批判，更是结合了马克思主义的科学理论，并且还结合了其他社会主义国家的文化，实现了民族性与开放性的融合。红色文化主张本民族不受奴役和压迫，追求独立和自主，要保证本民族的整体性，所以，红色文化是民族的。红色文化是中国共产党带领中国人民利用马克思基本原理并结合中国实际，为实现民族独立、人民解放、国家昌盛形成的一种文化形态。因此，红色文化带有民族性。

2. 开放性

红色文化虽然生长在中国大地上，具有显著的民族性，但是它不是一个闭关自守、因循守旧的文化，中华民族也不是一个停滞不前、故步自封的民族，红色文化在体现民族性的同时具备开放性。世界是一个开放的世界，在世界文化大网中，红色文化必然会接触到其他国家、其他民族的先进文化，在接触到其他优秀文化时，红色文化同样会借鉴和吸收外来先进文化的优点，取其精华、去其糟粕，使我们民族的红色文化与时俱进、顺应潮流。红色文化就是经历了中华民族传统文化和外来先进文化的思考和转化而形成的一种先进文化。一直以来，红色文化始终具有开放性，它以它强大的包容度使其变得更符合每个时代和人民的需要。

红色文化的确需要同时具备民族性和开放性。如果只具备民族性而不具备开放性，那么红色文化迟早会被快速发展的世界和各种先进文化所淘汰。如果只具备开放性而丧失了民族性，那么红色文化就没有了自己的根和魂，就丧失了它原本的意义。红色文化只有继承和发扬中华民族传统文化，才能对深受民族文化影响的人民群众具有吸引力和号召力。同样的，红色文化也要具备开放性，这样才能融入世界文化的浪潮中，不被世界先进文化的浪潮吞噬。在红色文化具备民族性和开放性的同时，我们也要警惕那些恶意抹黑、矮化民族文化的错误思想，不断提升文化自信，只有这样，红色文化才能越走越远。

七、红色文化蕴含的美学

革命的战火硝烟铸就了不计其数的红色文化，历经时代变迁的风雨洗礼至今

---

① 马克思，恩格斯. 马克思恩格斯选集：第一卷 [M]. 北京：人民出版社，1995.

已有百余年的历史。当今世界多元文化空前繁荣，而红色文化无与伦比的巨大生命力和影响力依旧超群绝伦，可谓世界文化百花园中的璀璨奇葩。红色文化之所以能够历经沧桑而长盛不衰，其中一个重要的原因就在于其富含先进的文化内涵和审美品质，具有永恒的美学意蕴和巨大的当代价值。红色文化丰厚的美学意蕴主要体现在其艺术之美、信仰之美、道德之美。

（一）艺术之美

马克思主义美学观涵盖了文艺美学和哲学美学两个基本方面，这是指导我国美学和美育事业发展的重要先锋。从马克思主义文艺美学的角度来看，红色文化的美学意蕴首先体现在其艺术之美。

红色文化的艺术之美着重体现在红色文艺丰富多样的艺术表达形式，红色文艺是红色文化的重要构成。例如红色文学、红色歌曲、红色绘画等。这些文艺作品从革命的艰难中走来，内容真实质朴、场景大气磅礴、人物刻画细腻、艺术表现生动，经过中国建设和改革时期的洗礼，沉淀为我国艺术画卷上的绚烂瑰宝。红色文艺的美学表现往往是将马克思主义的文艺美学观点和气韵生动的东方美学特点相结合，依赖于标题、情境、情绪等诸多因素，把赏析者带入革命历史意境当中，彰显了红色文化特有的美学品质。红色文化是我国先进文化的突出代表，其中弘扬的爱国主义、革命英雄主义和集体主义精神，熏陶感染了一代又一代中华儿女；其中蕴含的社会主义核心价值体系影响和引领着当代艺术作品的创作。

（二）信仰之美

信仰之美是马克思主义美学观中哲学美的体现，是红色文化美的核心所在和经久不衰的内在动力。信仰是指人们对某种思想或宗教及对某人某物的信奉、敬仰，它在很大程度上对人们的行为和"三观"起到内在驱动的指导作用。在社会主义的中国，我们的信仰主要集中在马克思主义政治信仰，其中包含了唯物主义的世界观和方法论、共产主义的远大理想、为人民服务的根本宗旨和对自由全面发展的人生追求。

红色文化所记录的中国共产党领导全国各族人民取得的伟大革命胜利，与之相关的一桩桩革命往事、一件件英雄旧物、一处处红色遗址，无一例外地体现着对马克思主义政治信仰的敬仰和坚守。在民族危亡的艰难时刻，正是依靠着崇高的马克思主义政治信仰，才有了无数革命烈士殊死搏斗，用血肉之躯赢得了伟大胜利，以爱国主义为核心的伟大民族精神也在这期间得到进一步升华。1928年，革命烈士夏明翰在面对敌人的枪口时毫不畏惧，对我国共产主义事业赤胆忠心的他作出"砍头不要紧，只要主义真。杀了夏明翰，还有后来人。"《就义诗》的千古绝唱，时至今日仍能让我们为之震撼和感动。"后来人"既表达了夏明翰对革命进程中前赴后继的英雄烈士的希冀，也表现出他对一代代生生不息的中华儿女坚定马克思主义信仰的期许。

（三）道德之美

我们谈"美"时首先会联想到的往往是美德，红色文化所展现的革命斗争史和英雄先进事迹当然也蕴含着美德，例如忠诚、团结、清廉、无私、艰苦奋斗，这些都是红色文化道德之美的具体表现。湘江战役中，陈树湘烈士断肠明志，实现了"为苏维埃新中国流尽最后一滴血"的英雄誓言，这是他对革命事业的赤胆忠心；百团大战时，105个团对日进行大规模的进攻和反抗，极大地振奋了全国人民的抗战信心，这是革命战士的团结一心；秋收起义后，毛泽东同志郑重宣布了"不拿老百姓一个红薯"的严明纪律，充分体现了中国共产党人的清正廉洁；抗日战争时，"放牛"少年王二小为保护八路军和乡亲们，不惧敌人的枪杆和刺刀把进村扫荡的敌人带进了我们的埋伏圈，这是13岁的他对革命事业的无私奉献；同样在抗日战争时期，杨靖宇将军所带领的抗联部队靠吃雪解渴、啃树皮充饥，以此支撑着继续战斗，这是他们艰苦奋斗的真实写照。

这些红色文化的道德之美产生于革命斗争的硝烟战火之中，但其道德内涵在当下的和平社会仍然适用。社会主义道德是以集体主义为原则，包含了深厚的革命精神、革命理想、革命情怀。红色文化的道德之美能够对人们的道德起到教化作用，引领人们践行社会主义道德规范，激发人们追求真理，使人做一个高尚的人、一个纯粹的人、一个有道德的人、一个脱离低级趣味的人、一个有益于人民的人。

八、红色文化的价值功能

（一）历史印证功能

红色文化是在历史发展和人民实践过程中产生和创新的，红色文化所传达的不仅仅是富有特色的文化本身，还是对刻骨铭心的历史的重温和敬畏。不知历史，何以言今。不了解中国的历史，不了解我们党的光辉史实，又如何在新时代自立自强、开拓创新。青年一代是国家的未来、民族的希望，肩负着伟大复兴的责任和使命。但同时，年轻一代又是远离革命战争、艰苦岁月的一代，他们从小就生长在美好和平的时代，尽管教育实现普及化，仍旧有很多年轻人对我们国家和我们党的历史并不熟知，更不要谈发挥光荣传统。开展红色文化教育，正是通过教育手段，让没经历过这段历史的青年人知史、懂史、讲史，无论走到哪都不忘记自己初心，向着自己的理想前进。中国能够发展至今天，绝不是一朝一夕、轻言轻语就能够成就的，只有铭记历史的中国人，才能够从历史中不断汲取养分、鼓舞斗志、凝聚力量，创造富含中国特色的世界奇迹。

（二）价值导向功能

在百年的党史中，我国形成了丰富的红色文化资源，这些红色文化资源种类丰富，遍及祖国的大江南北，分布广泛。不同时期在不同地域生成的红色文化蕴藏着丰富的红色故事、承载着广而大的中国精神。虽然不同时期所传达的精神号召并不是固定不变的，但是他们都是当时社会的产物，符合社会主流的意识形态。这样看来，红色文化教育其实同思想政治教育在功能上有着本质的相似性，同样具有主流意识形态教化育人的功能，对于个人和社会组织等都具有价值引导的功能。

从宏观看，通过红色文化资源所表达的价值导向，使得主流意识形态得以传播和被认同，有利于执政党把自己的执政理念和意识形态广泛地宣传到人民群众中。社会意识不只是被动地被决定，社会上所流传和崇尚的主流精神文化，必然是符合主流意识形态的，集中体现了执政者或当权者的意识表达。公民对于国家政权的认同和支持，可以由此形成的国家认同感，能够增强自我归属和爱国主义的情感依赖，进而表现在个体行为倾向中。

从微观看，红色文化的价值引导功能表现在对具体行为的引导和价值整合上。一方面，长久积累的红色文化，记载了很多老一辈先进楷模的光荣事迹，在他们身上所表现出的红色精神，对于社会个体有着非常重要的精神感召力和行为影响力，引导其他个体在心理、精神、行为和人格等方面向先辈学习和靠拢。另一方面，每个人都是社会中相对独立的个体，受其所处环境和其他因素的影响，在价值观念上存在着各种各样的差异。无论在哪个社会形态中，要想推动社会进步，就需要整合各具差异的价值理念，形成相对统一的符合社会发展规律的主流价值意识。

（三）精神塑造功能

一个人的精神面貌和状态，是支撑其行动的力量之源。伟大的梦想，同样需要伟大的精神作为支撑。身处于积极健康的社会环境中，就会被社会中的优秀精神所影响和感化，进而塑造出比较饱满的社会精神。个体在这种优良的社会背景下所接触的、受影响的便是积极的、优秀的精神印象，能够在潜移默化中塑造个体精神。红色文化通过特定的载体形式，在人民群众中以先进人物所展现出的精神面貌为个体精神塑造的范本，营造优秀的精神文化氛围，使人民群众得到红色文化的熏陶。长此以往，人民群众能够在生活和工作中产生团结奋斗的价值共识，以饱满的热情和进取的心态来面对困难。红色文化渗透到高校思政教育中，可以发挥其精神塑造功能，帮助当代大学生确立符合时代形势的精神目标，并将这种精神贯彻到实践行动中，做到知行合一。

（四）文化传承功能

红色文化不是凭空出世，也非无本之木，而是在特殊时期的现实土壤中，吸收民族传统文化的优秀养分创新发展起来的。从发展时间上来讲，红色文化从中诸多优秀文化中吸取了精华部分，渗透到自身的发展中。从内容上看，中国传统文化中民本思想、自强不息的奋斗精神、公而忘私精神等，都在红色文化中得以传承，并升华为执政为民、以人为本，开拓进取、顽强拼搏、无私奉献、舍己为人的精神文化，赋有极大的传承性。而从具体形式上来看，不同时代形成的文化得以传承至今，大多依靠一定的物质载体。红色文化也是一样的，一些大众的文学文艺作品、影视戏剧创新了文化传承的方式，让红色文化在大众群体中广泛传播。红色资源在高校的运用，目的就是发挥红色文化的传承功能，让它的内容和精神得到持续流传而不间断，也有助于我们本民族文化的续存。

第二节 红色文化的渗透

一、红色文化渗透概述

（一）红色文化渗透理论依据

1. 人的全面发展理论

人的主体性在积极改造自然和社会的过程中不断完善和发展，体现在自觉、主动承担社会责任，人与自然、社会协调发展，相互促进等方面，这是马克思主义关于人的全面发展理论的集中表现。中国特色社会主义的本质要求就是促进人的全面发展，这与马克思关于人的全面发展理论有着异曲同工之处。个人的全面性不是想象的或设想的全面性，而是他的现实关系和观念关系的全面性。马克思关于人的全面发展理论是指人的多方面才能的协调发展，这些能力包括认识和改造自身、自然、社会的能力。

思想政治教育就像一盏指路灯，照亮大学生前进的道路。通过意识形态的教育，为大学生群体的发展提供正确的价值取向，引导大学生们树立正确的价值观，并运用正确的手段处理各种与社会成员之间的关系，是促进大学生不断向前发展的精神生产力和不竭动力，帮助大学生实现全面发展。将红色文化渗透到大学生思想政治教育中有利于调动大学生改造社会、完善自身，与社会和谐发展，发挥其主观能动性，培养其社会责任感，对积极地改造社会具有重要的指导意义。

2. 思想政治教育本质论

思想和态度是开展任何工作的前提，好的思想和态度可以起到事半功倍的作用，因此高校及时开展思想政治教育工作是十分有必要的。思想政治教育活动的开展直接关系到大学生的行为习惯、理想信念、价值观的形成及身心发展，要从历史的角度来认识思想政治教育的本质属性。在人类的发展史中，在原始社会随着原始意识的形成和原始社会人类简单互动的形成，人类为了生存，形成了美德的雏形，这种美德就是保持原始社会的一切互助习惯。人类发展到阶级社会，当阶级存在了，才出现了道德与政治的概念，政治与道德互相影响、发生联系。中国封建社会，统治者就始终把道德与政治紧密联系，比如长期的儒家文化就是道德与政治紧密联系的一个结果。自西方进入资本主义社会以来，西方社会对道德教育的研究便开始深入，但是，由于当时主客观条件的限制，并没有科学地揭示思想政治教育的人性特征和起源。

西方社会进入18世纪后，随着自然科学的发展，人类对世界的认知也逐渐全面、科学，社会科学突飞猛进。马克思通过前人的经验与探索逐渐总结出思想政治教育的本质，马克思主义从社会和人的实践性、人的社会性和人的主观能动性三个方面来探讨思想政治教育的起源。

思想政治教育实质上是调节个人与社会之间的关系的一种实践活动。任何人类活动和现象的存在，从根本上说，都是基于"人"这个最根本的存在，正如马克思所说："人就是人的世界，就是国家，社会。"[①] 人的存在是一种二重性的存在，即人的个体性与社会性的统一。正是在这个意义上，马克思把人看作"现实的个人"。客观地说，个人与社会（群体）、个性与群性的冲突，对于人类社会来说，几乎是永恒存在的。马克思主义以实践为基础，科学地揭示了社会和人类需要的物质和精神根源，为思想政治教育的存在和发展提供了原始论据。马克思主义认为，经济基础决定上层建筑，思想政治教育就是上层建筑，通过思想政治教育的本质，由思想政治教育的阶级性和实践性，决定了思想政治教育的内涵、范畴、功能、目标、内容和发展方向，也决定了思想政治教育的主体属性。因此，理解和把握思想政治教育的本质，对于红色文化渗透到大学生思想政治教育中具有重要的理论意义。

---

① 马克思，恩格斯. 马克思恩格斯选集：第一卷 [M]. 北京：人民出版社，1995.

（二）红色文化在思政教学中渗透的意义

1. 丰富了思政教学内容

党的十九大指出："文化自信是一个国家、一个民族发展中更基本、更深沉、更持久的力量。"① 目前，红色文化已经成为我国的价值导向和精神引领，红色文化正在一步一步地形成中华民族特有的精神形态，只有充分挖掘并研究红色文化的内涵和精神实质，才能使其更具有吸引力、凝聚力和号召力。红色文化作为优秀文化的重要组成部分，其精神内核的一个重要方面就是要坚定理想信念。用好红色资源，将红色文化渗透到大学生思政教学之中，能够培养大学生坚定的理想信念，使他们更加坚定"四个自信"，尤其是文化自信。

在历史长河中，中国共产党和人民群众创造的精神财富和物质财富激励着一代又一代青少年为之奋斗。在这创造财富的过程中，我们最需要学习的是老一辈革命家艰苦奋斗、开拓进取、不怕牺牲、迎难而上、心有大我、至诚报国的高尚情操和优秀品质。这些优秀品质值得我们每一代人学习和继承。红色文化对于当代大学生来说是非常珍贵的历史资源，也是对大学生进行思政教学的重要内容。我们应该利用好红色文化资源，将红色文化渗透到大学生的思政教学中去，继续传承红色文化精神，让一代又一代大学生从中获得精神力量。

红色文化内容丰富，既有每个历史时期的不同的内容，又有与时俱进、继承发展的价值传承和精神延续。可以说，红色文化充分体现了中华民族的先进文化，是中国共产党经过长期积累和总结得出的宝贵的精神财富。红色文化充分体现出了中国共产党和广大人民群众一直以来的精神诉求，不仅继承了中华民族的优秀传统文化，还以马克思主义基本原理作为科学指导，形成了既具有政治性又具有时代性还具有人民性的先进文化。将红色文化渗透到大学生思政教学中有助于丰富大学生思政教学内容，使他们能够学到更多的红色文化知识，帮助他们树立正确的价值观。

2. 完善了思政课程建设

习近平总书记强调，思想政治理论课是落实立德树人根本任务的关键课程，我们要推动思想政治理论课改革创新，不断增强思政课的思想性、理论性、针对性和亲和力。② 习近平总书记还提出"八个统一"的具体要求，为思政课的改革创新指明了方向。因此，高校必须十分重视思政课程的建设，将高校思政课程建设成为被赋予时代内涵的红色文化讲堂。红色文化渗透到高校思政课中有助于高校

---

① 习近平. 决胜全面建成小康社会 夺取新时代中国特色社会主义伟大胜利——在中国共产党第十九次全国代表大会上的报告[N]. 人民日报，2017-10-28（03）.

② 习近平：用新时代中国特色社会主义思想铸魂育人 贯彻党的教育方针落实立德树人根本任务[N]. 人民日报，2019-03-19（01）.

思政课方法的创新。如邀请老党员讲述"红色故事"、带领大学生参观"红色革命基地";同时思政课教师在授课时,应积极使用现代媒体技术,通过 VR 技术将教材内容中的红色英雄人物高度还原,使大学生虽身处当代,却能深刻了解红色文化的历史场景。在这个过程中,大学生的爱国主义精神将被提高到新的水平。红色文化作为优秀的教育资源和历史遗产,是中华民族精神的重要组成部分,将红色文化渗透到思政课的过程,既能让大学生深刻地感悟革命先辈铸就的红色精神,凸显出弘扬红色文化的重要意义和历史价值,又能增强大学生对于思政课学习的浓厚兴趣,有利于办好高校思想政治理论课。

3. 增强了思政教育的实效性

新时代背景下,青年是我们国家和民族的脊梁,我们必须高度重视青年人的思想政治教育工作。从习近平总书记的讲话中我们可以看出,随着国家对大学生思想政治教育的重视程度越来越高,国家的教育体系不断得到丰富和完善,红色文化的教育功能也愈加凸显。如果我们能充分借助红色文化的教育价值,将红色文化的教育功能发挥出来,就可以增强吸引力和感染力,使原本中规中矩的思想政治教育变得丰富多彩、形式多样。

目前看来,全国高校全部都开设了思政课程,虽然一直以来国家十分重视大学生的思想政治教育,但目前的授课方式仍使得教育效果不是很理想。老师一堂课面对着几百名学生,只能按部就班地讲授书本上的理论知识,很少能跟学生进行深入的互动,学生也只是在听老师课堂上讲的内容,而且我们还不能完成保证学生把老师讲的内容都消化吸收了,导致学生对思政课的内容和精神实质掌握得并不是很到位。老师只有对每名学生的基本情况和思想状况有深入了解,才能在教育教学的过程中充分观察到学生的变化,才能真正提升大学生思想政治教育的实效性。

4. 坚定了大学生的政治立场

随着经济全球化的发展,文化领域的全球化也空前加强,近些年来随着互联网的迅猛发展,西方资本主义思潮开始冲击互联网。大学生是伴随着互联网的产生而成长起来的,因此大学生身边的一切都与互联网息息相关,这在一定程度上使大学生极易受西方网络言论的影响。大学生不仅是实现伟大中国梦的主力军,而且还是中国特色社会主义事业的接班人,必须时刻做到坚定政治立场。加强红色文化在高校思政课中的渗透有利于坚定大学生的政治立场。红色文化在新的历史时期被赋予了新的时代内涵,即以爱国主义为核心的团结统一、爱好和平、勤劳勇敢、自强不息的时代精神。中国共产党的理想信念、政治立场和精神品质在以时代精神为核心的红色文化中得到了充分体现,这也是大学生思想政治教育的目标。通过将红色文化渗透到高校思政课中,有利于大学生始终坚持社会主义道路、坚持人民民主专政、坚持中国共产党的领导、坚持马克思列宁主义毛泽东思想。加强红色文化融入高校思政课教学,可以激励大学生为实现中华民族伟大复兴的中国梦而坚定理想信念,贡献自己的力量。

5. 增强了国家和民族认同感

国家认同是指个体或群体对自己国家的国家主权、历史文化、政治制度的认同,这种认同是个体或群体对于国家的理性认知、情感皈依的自我心理活动过程。国家认同是国家凝聚力的源泉所在,更是维系一个国家存在和发展的重要纽带。

钱穆先生主张:"故欲知其国民对国家有深厚之爱情,必先使其国民对国家已往历史有深厚的认识"。[①] 由此可知,国民对自己国家和民族历史的了解是一个国民对国家认同和民族认同的基础。人们在了解历史的过程中,回顾历史记忆、形成历史意识,才能形成历史认同,只有对历史认同,才能对国家和民族认同。可以说,红色文化是增强国家认同的有效途径,它是帮助人们回顾过去、面对现在、掌握未来的重要资源。将红色文化渗透到大学生思政教学中,有助于大学生通过红色文化了解红色历史,进而增强国家认同感和民族认同感。

6. 促进了社会主义核心价值观的践行

对于一个国家、一个民族来讲,最深厚、最持久的力量是全社会共同认可的核心价值观。对于国家或民族来说,核心价值观的缺失将是一个巨大的灾难,会导致制度形同虚设,犹如一盘散沙,其人民就会没有归属感。红色文化是大学生精神上的"营养剂",大学生是祖国未来的栋梁之材,培育大学生践行核心价值观就显得十分必要。在培育社会主义核心价值观的过程中,红色文化发挥的作用,不仅是在思政课上引导学生品读红色文化经典作品,领会其中的精神内涵,还可以让学生参观与红色文化相关的物质载体,增强其文化凝聚力。高校应该积极举办各种形式的主题教育来传承红色基因,使大学生对红色文化的认识不只停留在表面水平,而是应该进行创造性转化和创新性理解。大学生传承和发展红色文化的过程,也是大学生爱国主义精神提升的过程。这种良性循环会在潜移默化中引领大学生弘扬红色文化,践行和培育社会主义核心价值观。其中,宣传革命英烈及为社会主义建设作出贡献的"普通人"的事迹,是红色文化作为培育社会主义核心价值观的重要载体,有利于培育大学生践行社会主义核心价值观。

---

① 钱穆. 国史大纲 [M]. 北京:商务印书馆,1996.

（三）红色文化在思政教学中的渗透要点

1. 教师主导与学生主体互相协调

明确教学体系，注重教学方法，在思政教学工作中应发挥教师主导与学生主体相协调的原则。这一原则明确了学生的主体性地位，实现了从教师主导到学生主动的良性循环，从而有效开展红色文化在大学生思政教学中的渗透工作。思政教师主导需要发挥高校教师推动红色文化正规化、科学化、有效化得在轨道上运行，学生主体则体现了大学生群体能够正视红色文化的价值，钻研其内涵、领悟其意义，并充分发挥主动性，做学习的主导力量，化被动为主动，肩负起时代的使命，将红色文化带给我们的力量铭记于心，贯彻于日常学习生活中，赋予红色文化生命力。在教师主导的外在驱动力的促使下，激活学生客体的主动领悟与传承，使两者相得益彰、相辅相成，共同促进红色文化渗透到大学生思政教学机制中，使高校的育人活动得到协调、稳健、可持续的发展，使意识形态领域的教育工作发挥出其应有的价值。总之，教师主导与学生主体相协调的原则是重要的原则之一，两者共同促进教学稳步向前发展。

2. 抽象教学与具体实践相结合

将抽象的教育内容形象化、将具体的实践活动生动化、将抽象的教学与具体的实践相融合的原则能够强化将红色文化融入大学生思政教学的学习效果，方便学生的学习与理解。红色文化所蕴含的精神品质隶属于上层建筑、社会意识范畴。因此，要让红色文化亲民化就必须融入学生的日常生活，通过特定的形式，借助特定的载体，在大学生心中传播、扎根、绽放。换言之，各个高校的大学生所学专业不同，思考问题的方式也不同，高校需要结合学生的具体专业背景，因材施教，运用适当的教育方式，使红色文化的精神内涵化抽象为具体，运用通俗易懂的方式，做到科学性与去通俗性相统一，方便学生对学习内容的掌握和理解。在转变过程中，要以学生专业特点为出发点、以师生互动为纽带、以实践活动为整合面。根据大学生思维变化和情感转向来确定合适的教育方式，有针对性地为他们提供高质量的教学内容，为他们的精神需求创造适合的活动，并通过这些活动凸显出红色文化的独特魅力，使红色文化成为根植于大学生内心世界且具有特定感染力的不竭动力。现实教学中，不同专业具有相应的专业术语，将抽象教学与具体的实践相结合避免了红色文化过于抽象的局面，以实践为基础，深入理解，同时以各学科为背景。这一尺度是红色文化从抽象到具体转变的重要环节。这一原则能有效使不同教育背景、不同认知水平的大学生接受红色文化，从而使红色文化在大学生思想政治教学中的渗透效果最优化。

3. 科学传承与及时验证相结合

科学传承与及时验证相结合也是将红色文化渗透到大学生思政教学的另一个重要原则，这是一个确保学生知情意行相统一的过程。红色文化应该在实际生活中得到验证，使学生知其然也知其所以然，高校在将红色文化渗透到大学思政教学的过程中不能蒙眼向前，而是应该及时观察，找对航向。红色文化在传承的过程中有待验证不仅是一个要求，更是教育活动过程中必要的关键环节。可以肯定的是，无论"口号"听起来有多好，如果没有具体的核查过程，它都会显得过于单薄。我们的评判标准不应该仅仅停留于口号，更应关注实际过程中做的改变与得到的效果。因此，传承红色文化的效果不能简单凭借几张试卷或几点见解来衡量，而是要通过长期实际观察。因此，在教育活动开展的过程中，要立足实践环节，验证前期效果，引导大学生将红色文化带来的力量运用到日常的学习生活中。同时，要根据实际情况调整育人过程中的方式方法，使学生学习的过程更具有效性。总之，高校应秉承科学传承红色文化与及时检验学习效果相联结的原则，进一步推动红色文化在大学生思政教学中的渗透。

（四）红色文化在思政教学中渗透的必要性

大学生是青年群体中有知识、有理想的高质量人才，是接受中国特色教育的主要群体，也是国家社会主义建设的中坚力量。思想政治教育是高校的中心工作，而思政教学是高校思想政治教育最为重要的一环，把红色文化渗入高校思政教学中，有利于在大学生群体中加强党史认知、践行优良传统、增强文化自信。

1. 牢记初心使命的要求

历史是最好的教科书。人有命根，国家有命脉。一个人忘记了自己的根脉，就会像失去了骨架主梁一样。同样地，一个国家忘记自己的历史、忘记自己的根，即使国家再强大，也稳固。

历史发展到今天，中国从落后挨打到走近世界舞台的中央，从命运未卜到中国特色社会主义蓬勃发展，中国的奋进历程并非一帆风顺，前进的道路也是曲折的。中国共产党是在救亡图存的背景下诞生的，从一开始就以马克思主义的立场观点为指导，成为挽救中国命运的直接力量。它带领中国人民所创造的红色文化，是为人民谋幸福、为民族谋复兴的道路上踏下的每一个脚印、每一个步伐。一路走来，先进的马克思主义在中国大地上生根发芽，并开出了中国特色社会主义的花朵。实践是最好的证明，实事求是的中国共产党在一次次历史实践中，坚定了这条道路，为中国人民指出了实践真理、人民真谛。认真了解红色文化，就是在重温中国共产党带领人民奋斗的历史进程，就是在铭记每一位为民族复兴浴血奋战的仁人志士，就是在牢固共产党的初心和使命，用充满热血和民族情感的历史记录激励享有和平生活的当代人，在红色历史中感悟真理，牢记初心使命。

2. 培育优良品行的要求

信念，是对于某一种事物或者某一种思想保有坚信不疑的态度，并能够身体力行地贯彻。于个人发展而言，它是目标引导和精神补给；于国家发展而言，它是行动原则和精神支撑。总而言之，没有坚定的信念，就会在被压迫、被奴役的时候怯懦退缩；就会在翻不过山、迈不过河的时候打退堂鼓；就会在失意绝望的时候迷失自我，找不到方向。

党带领人民，在政治上实现人民民主，在经济上创造发展奇迹，击退敌军、发展建设、摆脱贫困、对抗灾难、战胜疫情，无一不依靠坚定的理想信念。对中国共产党而言，坚定理想信念就像给身体补"钙"，一旦缺失，就会得"软骨病"。在红色文化的这本厚书中，探寻共产党人的足迹，会发现其一以贯之地坚定我党的理想信念。也正是因此，才能在布满荆棘的道路上一次次取得成功，不断开创新成果。学习和弘扬红色文化，就是让当代人深刻认识红色政权来之不易、中国特色社会主义来之不易，理解新时代坚定"四个自信"的内在逻辑。

以信息产业为特点的新时代，世情、国情、党情都在发生深刻变化。网络信息技术的快速发展，既为全民生产、生活带来了非常大的便利，也深刻影响着当代青年人的思维模式和思想观念。负面的、虚假的信息在网络、社交等平台上此起彼伏，可能直接影响到大学生的思想认识，导致青年大学生被诱导、被利用、被同化等后果，严重破坏育人效果。因此，以红色文化培养大学生树立坚定的理想信念和价值观，是抵御思想文化领域风险的迫切要求。高校肩负的主要使命就是德育，从红色文化中汲取精神信念，对于培育学生优良品行具有重要价值。

3. 增强文化软实力的要求

新时代是国家文化软实力凸显的时代，各个国家尽情在世界舞台上展示自己的民族文化风貌，经济实力的相互竞争已经不构成国家竞争的唯一标准了，文化竞争力也是国家实力竞争的一种。发源于五四时期的红色文化，也并不是无本之木、无源之水，而是在继承了中华优秀传统文化的基础上的创新。红色文化同优秀传统文化一样，是我国文化软实力的重要组成内容，而文化软实力的较量，也是国家在世界舞台上扩大话语权的重要依据。

文化是一个民族最深厚的基因所在，为谋求短期发展而摒弃自己的文化实属目光短浅之举，长足的存续必须厚植文化情愫，为国家和民族注入灵魂。高校大学生是国家重点培育的群体，培养大学生对红色文化的认同、对红色精神的弘扬都是时代赋予我们的神圣责任。以红色文化催生大学生对本民族文化的自信，增强作为中国人的志气、骨气、底气，是提升我国文化软实力、增强话语权的必然要求。

二、红色基因在高校思政教学中的渗透

（一）红色基因概述

1. 概念

红色基因不仅是一种革命精神的继承，更是中国共产党百年的发展核心，中国共产党从南湖红船到井冈山、从延安到北京、从改革开放到走进新时代，均是因为坚持红色而书写了中国历史，书写了党的百年故事。红色基因是中国共产党人奋勇拼搏的精神源泉与动力，因具有独特的信仰，使之具有独特的魅力。

红色基因是中国共产党人在长期的革命实践中锻造出的精神力量和精华，如理想信念、光荣传统、革命精神和优良作风等，在漫长的历史进程中传承和演变，但其精髓不断地吸收和发扬、不断打磨出今天的红色基因。

综合来看，红色基因是对中国共产党人坚定的理想信念、积极的精神风貌、优良的工作作风、高尚的道德情操、科学的执政理念的高度凝结概括，是我们党和国家的宝贵精神财富和文化积淀，在中华人民共和国成立后的伟大革命、建设、改革的实践中传承并进一步完善，是推进中华民族不断锐意进取、守正创新取得一个又一个胜利的重要法宝。红色基因的基本内涵是敢打胜仗、科学求实、立党为公、忠诚为民、廉洁自律、艰苦奋斗、迎难而上、不求名利、不怕牺牲、无私奉献、争创一流等。

2. 精神内核

（1）伟大的革命精神

伟大的革命精神是红色基因最显著的标志。在风雨飘摇的近代中国，中国共产党领导人民创造了一个又一个奇迹。从土地革命到中华人民共和国成立，在这二十多年的革命历程中，中国共产党人为了国家统一独立、人民安定幸福，经历了无数常人难以想象的坎坷。当代青年要永远铭记，中华人民共和国的成立是无数伟大革命先烈抛头颅、洒热血换来的。伟大的革命精神深深地渗入中国人民的血脉之中。中华人民共和国成立以后，国家也遇到过许多困难与挑战，面对质疑与挫折，中国人民骨子里的革命精神成为克服各种艰难险阻的法宝。

（2）坚定的理想信念

习近平总书记说过："坚定理想信念，坚守共产党人精神追求，始终是共产

党人安身立命的根本。"[1] 没有共产党就没有新中国，中国共产党是中国人民永恒的信念。自中国共产党成立以来，在党的领导下，中国从被列强欺凌到如今屹立于世界民族之林，中国共产党从"星星之火"发展为如今的世界第一大党。回首中国共产党的百年奋斗史，正是中国共产党人坚定的理想信念才使得他们在那个小米加步枪的战争年代留下无数英雄史诗。坚定的理想信念给予中国共产党人强大的精神动力，让他们在为共产主义事业奋斗的路上不懈前行。

（3）崇高的精神品质

长期的革命实践使中国共产党人形成了对党忠诚、立党为公、执政为民的优良品质。每一名共产党员，自站在党旗下庄严宣誓的那一刻起，就意味着要将自己的生命和一切交付于人民群众和党的伟大事业。无论身处哪个时代，中国共产党人都能坚持为人民服务，做到联系群众、依靠群众、团结群众。中国共产党始终把国家和人民的利益放在首位，保持着"为中华民族谋复兴，为中国人民谋幸福"的初心，并用实际行动践行这一宗旨，将崇高的精神品质注入红色基因当中。

3. 孕育和形成

1917年俄国十月革命一声炮响，给我们"送来"了马克思列宁主义，但实际上，中国人是经过无数挫折才"找到了"马克思列宁主义。早期中国共产党人经过不断发奋图强，积极寻求救国救民的发展道路。1919年，陈独秀、李大钊领导的新文化运动和五四运动，积极宣扬民主、科学和爱国主义精神，并开始受到马克思主义的影响，为红色文化和红色基因铸造了第一粒因子。1921年，中国共产党成立后，就一直以推翻"三座大山"、挽救民族危亡、让中国屹立于世界民族之林为己任，十分注重与工人和农民相结合，积极与孙中山先生领导的国民党合作。在北伐战争中，中国共产党党员发挥了十分重要的作用，表现出了与国民党完全不同的政治和军事品质，体现了不怕牺牲、英勇奋战的精神。

在第一次国共合作破裂和随后发生的反共高潮中，广大党员誓死捍卫共产主义真理，坚持其信仰，并逐渐认识到"枪杆子里出政权"，先后发动了南昌起义、秋收起义，经过曲折探索最终确立了农村包围城市、武装夺取政权的中国革命基本道路，进行了世所罕见的数次反围剿游击战争。而后，在坚持实事求是的工作路线基础上，完成了二万五千里长征这一人类军事壮举，在延安建立新的中央革命根据地，使中国革命获得了新生。

1937年随着全面抗日战争爆发，中国共产党人以民族大义为重，进行了二次国共合作，在国共合作的八年抗战中，持续发挥了中流砥柱的作用。无论是在配合国民党的下面战场方面的战斗中，还是在百团大战争中，还是在敌后抗日根据

---

[1] 中共中央宣传部. 习近平总书记系列重要讲话读本 [M]. 北京：人民出版社，2016.

地的斗争中，都发挥了重要的作用。解放战争时期，中国人民解放军进行了举世闻名的三大战役，并解放了除台湾、香港等地区外的我国大部分领土，实现了人民当家做主。

　　红色是鲜血的颜色，象征着生命与激情，革命会有流血牺牲，革命也需要激情，因此红色也是革命的象征。在漫长的革命战争时期，中国共产党人领导工人、农民、知识分子，在与封建地主、买办绅士、国民党反动武装、反动土匪、帝国主义分子、敌特的殊死斗争过程中，塑造了蔚为壮观的红色文化，包括红色物质文化，如红色遗址、红色文物等，此外还包括红色精神文化，如红色歌曲、红色故事、红色人物事迹及各种红色精神。对于这种军民团结一心为正义事业英勇献身、在血与火的洗礼中铸就的红色精神，毛泽东在《中国的红色政权为什么能够存在？》《井冈山的斗争》和《星星之火，可以燎原》等文章中就最先指出过。这种红色精神逐渐积累精炼，日益沉淀固化，最终形成了中国共产党人不可或缺的红色基因。因此，红色基因是在历史中生成的。

（二）红色基因的传承

1. 传承红色基因的含义

　　红色基因不仅是重要的精神力量，而且对当代发展也有重要价值。红色基因的传承不是简简单单的复制、模仿行为，是一种长期实践活动的总结。马克思曾经提出过："人民自己创造自己的历史，但是他们并不是随心所欲地创造，并不是在选定的条件下创造，而是在直接碰到的、既定的、从过去承继的条件下创造。"[①]新时代我们学习红色基因，就是把尚未完成的共产主义事业代代相传，使其与我们的血脉永存；传承和发展红色基因，就是把老一辈革命家的理想信念和红色传统代代相传。

　　对于历史，不能仅回顾，更要从回顾中总结经验教训，以史为镜、博古通今，吸取其优良的核心内容并结合当今时代的主题，深入思考。传承中红色基因不仅是中国共产党百年来的核心，即使在新时代仍然是大学生思政教学的重点内容。大学生是国家和民族的希望，少年强则中国强，只有继承和发展红色基因，我们才能不忘初心、牢记使命，充分把握新时代发展的主旋律，把中华民族的优秀文化转化为中华民族向前发展的强而有力的力量，弘扬我们伟大的事业，实现伟大梦想，为实现中华民族伟大复兴的中国梦而奋斗。

---

① 马克思，恩格斯. 马克思恩格斯选集：第一卷 [M]. 北京：人民出版社，1995.

2. 传承红色基因的内容

（1）传承先进的思想理论

红色基因根植于中国共产党长期革命斗争中的先进思想理论之中，是中国共产党长期的实践总结。学习并结合自己的思考是传承红色基因的最佳途径，通过学习，了解马克思主义的精华、了解中国革命的历史。马克思主义、毛泽东思想、邓小平理论、"三个代表"重要思想、科学发展观、习近平新时代中国特色社会主义思想，这些都是党在每个阶段创新并发展而成的，这些理论都是通过实践经验总结而来的精髓，与时俱进的学习并理解红色理论有助于大学生的健康发展。通过教育途径，使正确的思想与方法深入，用马克思主义思想武装当代大学生的头脑。

中国共产党第十九次全国代表大会上，习近平总书记作了《决胜全面建成小康社会 夺取新时代中国特色社会主义伟大胜利》的报告。习近平总书记将红色基因在新时代进行了最新表述，是马克思主义中国化的最新理论成果。学习党的十九大的新主张、新思想，并不断学习中国特色社会主义理论体系及红色基因的内涵，使之与时俱进，不忘初心、牢记使命，把握主旋律。

（2）传承伟大的革命精神和民族精神

红色基因始终存在于我们国家伟大的革命精神和民族精神之中，在数千年的历史中，民族精神随着人类的发展不断演变，它始终保留着其中最为精华的核心成分，不仅对中华民族影响深远，更对当今世界的文化格局作出了贡献。中华优秀传统文化积淀着中华民族最深层的精神追求，包含着中华民族最根本的精神基因，代表着中华民族独特的精神标识。

中国共产党历来注重伟大的革命精神和民族精神的培育与传承，在百年的革命中，形成了不同时期的精神，培育了诸多精神，积累了大量的精神财富，这些精神财富成为红色基因的根基。在解放中国的过程中，面对"三座大山"，以毛泽东为代表的共产党人，形成了红船精神、井冈山精神、延安精神等具有代表性的革命精神；在社会主义建设的前30年，以毛泽东为代表的共产党人，形成了抗美援朝精神、"两弹一星"精神等一系列具有时代特点的精神；在改革开放的过程中，形成了以邓小平为代表的改革开放精神。这些不同的革命精神，都是不同时期红色精神的延续、红色基因的延续，在每个时期红色基因都会结合时代精神被赋予新的内涵。

（3）传承党的优良作风

红色基因存在于无产阶级的价值观体系中，红色基因存在于我们党的优良作风和光荣传统之中。红色基因在代代相传的过程中，党的优良作风始终是其不可或缺的重要组成部分，对红色基因起着重要的涵养作用。回望历史，中国共产党人自始至终都十分注重红色基因的传承，而传承红色基因就一定会与弘扬党的优良作风联系起来。我们应将红色基因中的无产阶级的价值观渗透到思政教学中。我们党从一个成立时的小党，发展到了今天的大党。引领我们党不断向前发展的不是真金白银，而是坚定的无产阶级信念，每一个志愿加入中国共产党的同志都是发自内心地拥护党、热爱党，有着坚定的共产主义信念，因此，中国共产党才能带领中国这艘伟大的航船扬帆起航、乘风破浪。

（三）红色基因的渗透原则

1. 主体性原则

素质教育要求强化对学生主体地位的尊重，教师应引导学生掌握学习主动权，才能提升学生学习的主观能动性，使学生积极接触红色文化，提升思想政治素质。首先，红色基因渗透到思政课的过程中，应优化教育目标，引导大学生积极主动提升自身综合素质和综合能力，使大学生通过学习红色文化端正思想，形成正确的价值观。其次，增加人文关怀。思政课教师应加强对学生心理变化和精神状态的了解，积极与学生进行沟通，根据学生的不同层次对其进行针对性教育，确保红色基因渗透的合理性。

2. 渗透性原则

将红色基因渗透到思想政治教育中绝非一日之功，政府、学校、家庭、社会应加强合作，将红色教育内容渗透到生活实际，使学生在潜移默化中感受红色光辉和红色魅力。通过对大学生进行走访调研，发现学生对思政课程的喜爱程度不高，无法激起学生的爱国热情。因此，高校教职员工应该大力加强合作，将红色文化渗透到思政课程中，并将红色文化春风化雨般渗透到大学生的生活中，这些做法能使大学生时时刻刻感知红色精神，感受红色文化熏陶，助力大学生加强对红色基因的传承。红色基因在传承过程中需要多元化的红色资源作为支撑，广大教育工作者应根据学生发展实际需要，选择优质红色资源渗透到思政教育中，达到提升教育质量和教育效果的目的，提升思政教育的渗透性，使红色文化无处不在。

3. 导向性原则

强化对红色基因的传承，助力大学生树立正确的人生观、道德观、思想观。红色文化本身具备导向功能，而思政课程也具备这一功能，红色基因渗透到思政课程的过程中，其价值导向功能也会得到拓展深化。无数革命先辈在革命年代的奋斗、拼搏、牺牲，才换来今天的幸福生活；无数前辈抛头颅洒热血，立下的铮铮誓言，成为大学生学习的宝贵精神财富。大学生通过学习红色文化资源、继承革命精神，能使自己坚定理想信念、勇于担当。大学生通过了解革命历史事件，能够知道革命胜利来之不易，离不开革命群众的流血牺牲，他们爱国，他们用自己的血和汗换来了一个崭新的中国。了解革命时期的光辉事迹，能使大学生增强责任意识与担当精神，积极为国家发展和社会进步而努力奋斗。作为国家发展的中坚力量，大学生应该牢记责任意识，勇于面对困难与挫折，并始终保持良好的精神状态。

三、红岩精神在思政教学中的渗透

（一）红岩精神

1. 历史背景

抗日战争是日本帝国主义对半殖民地半封建的中国进行的一场惨无人道的侵略战争。在这一时期，中国和日本的民族矛盾是中华民族的主要矛盾，为解决这一主要矛盾，反抗日本帝国主义侵略者的入侵，取得中华民族的真正解放，中国共产党与国民党达成了国共第二次合作，建立起了抗日民族统一战线，团结一致抗日。但是由于种种原因，中国共产党与国民党的两党关系在曲折中发展。在此背景下，中国共产党在党的六届六中全会上作出成立中共中央南方局（简称南方局）的决定。1939年1月16日，以周恩来为书记的中共中央南方局在重庆宣布建立，由周恩来、董必武等六位同志担任常务委员。中共中央南方局建立于抗日战争时期，它的建立适应了抗战相持阶段的新形势，稳定推进了国共两党的合作，同时推进了抗日民族统一战线的建立和发展。中共中央南方局的成立和卓越工作对抗日战争的胜利具有重要意义。在艰苦恶劣的斗争环境中，南方局创新性地实行了党中央的正确路线、方针策略等，进行了艰苦卓绝的长期斗争，为中华民族的独立和中国人民的解放作出了不朽的历史贡献。南方局见证了中国共产党主张的抗日民族统一战线的曲折探索路程。而红岩精神也正是在抗日民族统一战线的曲折发展中和大后方艰苦困难的政治环境中逐渐形成和发展起来的。红岩精神反映了中华民族的优良传统，也体现了中国共产党的优秀作风，是中华民族不可或缺的宝贵精神财富。

2. 基本内涵

2018年3月，习近平总书记在出席十三届全国人大一次会议重庆代表团审议时指出，"以周恩来为首的中共中央南方局在这里驻守8年，高举抗战民主旗帜，坚持和发展抗日民族统一战线，为争取政治民主和抗战胜利以及战后中国光明前途作出了卓越贡献，在此过程中培育了伟大的红岩精神①。"习近平总书记的重要讲话进一步强调了红岩精神的特殊作用，突出了其重要历史地位。红岩精神是我们党在民主革命时期的重要精神财富。

（1）救亡图存的爱国精神

红岩精神作为一种救亡图存的爱国精神，体现在以周恩来为代表的南方局共产党人和红岩烈士在拯救国家与民族危亡时表现出的对祖国深挚的热爱之情。

抗战全面爆发之后，打败日本帝国主义侵略，实现中华民族独立成为全体中华儿女面临的最迫切任务。此时中国共产党人毅然挺身而出，他们勇于担当、主动作为，自觉肩负起带领中华儿女抵御列强侵略、谋求民族解放的历史重任。在党中央的统一领导下，南方局坚持抗战、团结、进步的方针，在大后方积极号召人民群众齐心协力支援抗战，用具体行动践行中国共产党人的初心与使命。南方局充分利用《新华日报》等允许公开发表的刊物积极宣传中国共产党的抗日方针政策，深刻揭露日寇罪行，批判国民党消极反战的言论，以不断增强全体同胞的抗战信心。皖南事变过后，党中央一度认为"蒋介石似有与我党破裂的决心"，多次致电南方局要求主要领导同志和党员干部迅速撤离重庆。周恩来等主要负责人经过对局势的认真分析，周全思考之后决心继续坚守在重庆，并及时向延安请示和汇报。随后，南方局在党中央的领导下开始对国民党的反共行径，从政治进攻和舆论宣传两方面展开强有力的回击。面对国民党顽固派频繁制造的军事摩擦，党中央和南方局以国家人民利益为重，坚持从维护抗战大局出发，不计前嫌，团结抗日，展现出"相忍为国"的高尚情操。

救亡图存的爱国精神还表现为坚定的爱国信念。红岩烈士许晓轩舍小家为国家，誓死守护党组织的秘密也是对爱国精神的最美诠释。许晓轩面对亲人和家庭，他亏欠许多；但是面对党和国家，他问心无愧。1940年许晓轩遭到叛徒出卖，不幸被捕入狱。此后在长达9年的囚禁生活中，许晓轩坚贞不屈、百折不挠，与敌人展开英勇斗争，早已不顾及个人生死安危。在重庆即将迎来解放之际，许晓轩惨遭国民党杀害，壮烈牺牲。中共南方局及全体革命志士在国家民族生死存亡时以打败列强侵略、谋求民族生存为首要任务，他们将个人生死安危置之度外，深刻诠释了中国共产党人对祖国最神圣、最崇高的热爱之情。

（2）坚定不渝的革命信仰

南方局在极其恶劣的大后方环境中，开启了在国民党统治区的长期奋斗历程。抗战时期，国共两党第二次合作，形成了抗日民族统一战线，而国军当局却逐渐消极抗战，实行"融共、限共、反共"的政策措施，国统区的党组织面临着"向

---

① 钟义见. 重庆纪事：续写新时代"红岩精神"壮丽篇章[EB/OL]. 中国社会科学网（2019-07-22）[2021-11-09]. http://ex.cssn.cn/zx/bwyc/201907/t20190722_4937501_3.shtml.

何处去"的重要问题。对此，中国共产党非常重视政治思想建设与组织建设，周恩来指出，必须把西南的党努力发展和建设成为更加强大、更能斗争的党，具体提出了"要使党员成为隐蔽的、坚强得力的、与群众有联系的、善于影响和推动群众的干部"①等七条规定。南方局坚定传播马克思列宁主义，坚决高举抗日民族统一战线的大旗，不断凝聚一切可争取的抗日积极分子，依靠坚定不移的共产主义理想信念，在艰苦危险的环境中为中华民族的解放事业艰苦奋斗，义无反顾地走上了社会主义革命道路。南方局成为中国共产党在国民党统治区最坚实的战斗堡垒，红岩精神是他们用青春和生命谱写出来的。

（3）以大局为重的团结精神

中共中央南方局成立的目的就在于稳固国共两党合作，推动抗日民族统一战线的持续发展。毛泽东同志曾指出："中国是否能由如此深重的民族危机和社会危机中解放出来，将决定于这个统一战线的发展状况。"②在政治局面错综复杂的国民党统治区，周恩来领导南方局创造性地贯彻实施党的路线方针政策，周恩来、董必武等同志代表中共多次同国民政府交涉，维护国共合作，商讨抗战的具体事宜。在数次复杂的交涉与谈判中，南方局不仅表达了希望与国民党共同抗日的诚意和决心，还坚决抗争了国民党右派的反共运动和投降倾向。同时，南方局也同国民党内民主人士保持积极的联络，把宋庆龄等中国国民党左派视如知己，积极征求他们的建议，共商抗战大计。

南方局积极争取了其他民主党派和无党派民主人士的力量。1941年3月19日，在中共中央南方局的拥护和推动下，中国民主政治团同盟在重庆成立。在其机关报《光明报》中，南方局提出了坚决抗日、加强团结等倡议，公布了纲领主张和成立宣言，引起了国际社会的强烈反响。南方局还主动联合被国民党反动派所敌视的各方人员，积极开展对外交流活动。中国共产党人以诚相待、团结多数的宽广胸怀和以振兴中华为己任的精神风貌，在统一战线中发挥了重要的作用。

（4）勇于牺牲的奉献精神

红岩精神作为一种勇于牺牲的奉献精神，表现为永葆中国共产党人和革命志士的革命气节与骨气，彰显出笑面生死、敢于牺牲的奉献精神。

例如，解放战争时期中国共产党人何功伟根据组织要求，被安排到自己家乡开辟鄂南抗日根据地，组织与带领当地人民群众开展革命工作，后因遭到叛徒出卖，何功伟不幸被捕入狱。在集中营，何功伟面对高官厚禄的劝降不为所动、面对严刑拷打的审讯坚贞不屈。他自始至终都没有被利益诱惑，矢志不移地只为革命信仰而战斗。1941年11月，年仅26岁的何功伟从容就义，壮烈牺牲，周恩来

---

① 周恩来. 周恩来选集：上卷[M]. 北京：人民出版社，1980.
② 毛泽东. 毛泽东选集：第二卷[M]. 北京：人民出版社，1991.

闻讯后悲痛不已。在悼念何功伟烈士大会上，周恩来悲痛而坚定地号召所有党员干部：在困难和危险面前，努力学习何功伟为理想坚持战斗到底、英勇献身的大无畏精神。何功伟慷慨就义的事迹深刻诠释了中国共产党人对共产主义的坚定信念，以及为革命理想战斗到底、勇于牺牲的奉献精神。何功伟烈士的英勇事迹只是万千红岩革命先烈事迹中的一个典例，还有许许多多的中国共产党人和革命志士为了国家民族事业勇于牺牲、无私奉献。他们用自己的热血、青春、生命浇灌和培育了红岩精神，以伟大的爱国行动谱写了一曲无愧于党和人民的英雄赞歌。

3. 文化根基

中华优秀传统文化是红岩精神的文化根基。中华民族是一个有着五千多年文明发展史的伟大民族，在漫长的民族奋斗历程中孕育出了独特的民族文化。中华优秀传统文化中有"天下兴亡，匹夫有责"（《日知录·正始》）的爱国情操，有"先天下之忧而忧"（《岳阳楼记》）的使命担当，有"威武不能屈"（《孟子·滕文公章句下》）的坚强意志，有"出淤泥而不染"（《爱莲说》）的高尚品格，还有以爱国主义为核心的团结统一、爱好和平、勤劳勇敢、自强不息的伟大民族精神。文化是一个民族的灵魂，也是一个民族最深沉的精神追求。中华优秀传统文化是中华民族的精神命脉，涵养着中华民族的每一个人，也为红岩精神的形成与发展奠定了文化根基。以周恩来为代表的中共南方局领导集体和革命志士深受中华优秀传统文化的浸润和影响，在民族危亡的艰险时刻，他们践行着忧国忧民的爱国主义精神、自强不息的进取精神、和而不同的包容精神及对自身完美人格的砥砺精神。在救亡图存的大背景下，红岩革命志士高举爱国主义伟大旗帜，在国统区险恶的政治环境和艰苦的工作环境下时刻经受着信念、意志和生死的考验。但是在危险和困难面前，他们始终秉承着自强不息的进取精神，凝聚人心，共赴国难。为了建立抗日民族统一战线，红岩革命志士以团结抗战为己任，传承兼容并蓄的中国传统文化价值观，以自己的包容之心和宽广的胸怀求同存异，团结一切可以团结的力量，巩固和扩大了抗日民族统一战线，为战争胜利奠定了坚实基础。以周恩来为代表的无产阶级革命家正是在中华优秀传统文化的滋养下，继承和发扬了伟大的民族精神，以坚强的意志和必胜的信心，以大无畏的精神救国图存，以满腔热血奉献自己，从而铸就了以中华优秀传统文化为基因底色的伟大红岩精神。红岩精神也展现了以周恩来为代表的南方局领导人和革命志士身上根植于中华民族对完美境界的心灵皈依，根植于中华民族坚韧不拔的从道精神和对完善人格的修身磨砺，以及对浩然正气的择善坚持。

4. 时代价值

（1）引领正确价值观念

红岩精神是抗日战争与解放战争时期的精神产物，是中国共产党人在国民党统治区革命实践过程中形成的最富有标志性的无产阶级革命精神，是马克思主义理论和中国革命实践有机结合的精神成果，集中体现着共产党人和革命志士高尚的革命斗争精神，是党的世界观、人生观、价值观的集中体现，与社会主义核心价值观体现的内涵和本质一致。当代高校学生出生于和平年代，远离了战乱时期的炮火洗礼，正处于世界观、人生观和价值观尚未成熟的时期。面对各种思潮的碰撞，年轻一代可能会出现政治信仰的不坚定等问题。红岩精神体现出的对共产主义信仰的坚贞不渝、对社会稳定发展的不懈追求，以及所蕴含的强大的爱国主义民族精神、坚持艰苦奋斗的革命精神，在推动年轻一代的思想和行为沿着正确的方向前进中发挥着重要的作用。

红岩精神也为高校思政课教学提供了生动的教育素材。将红岩精神渗透到普通高等院校思政教育的全过程，可以有利于党史学习教育、中国革命传统教育和爱国主义思想教育的工作，也将红岩精神与传统文化、现实生活有机结合起来，赋予了红岩精神时代性，进一步挖掘了红岩精神最突出的特点。

（2）为党的建设提供经验借鉴

红岩精神实际上是在国民党统治区党的建设实践过程中的智慧结晶，可以为新时代党的建设提供精神指向。中共中央南方局在险恶的政治环境中，严格遵循中共中央对于国统区革命工作的决策部署，创造性地贯彻党中央统一战线的方针政策，进一步支持和推动了党的工作。红岩精神在党的建设过程中起到了关键作用，深刻学习红岩精神，挖掘红岩精神在新时代的内涵，能够加强社会主义政治建设，巩固发展新时代爱国统一战线。以周恩来为首的中共中央南方局坚定落实中央的统一战线思想，对新时代党中央高度重视和巩固发展统一战线工作也具有极其重要的借鉴意义。进入中国特色社会主义新时代，要坚定推进党的自身建设，不断推进思想政治建设和干部队伍建设，结合新时代统一战线发展和统一战线任务需要，努力建设一支有胆识、有担当的干部队伍。

（3）促进自我价值和社会价值有效统一

红岩精神及红岩精神的创造者之所以在历史上留下了浓墨重彩的一笔，在于红岩精神所产生的巨大社会影响及老一辈无产阶级革命者所创造的重要社会价值，而也正是因为他们把中国共产党的革命事业斗争当成是人生的高尚理想事业，并为了中国共产党和中国人民而奋斗终身，彰显出其极宝贵的社会价值。我国目前处于并将长期处于社会主义初级阶段，一方面，正处在社会主义新时期的人们具备了旧社会无可比拟的生活条件，和平稳定、人人平等的社会环境为我们个人价值的实现提供了前所未有的可能性，彰显出了社会主义制度的优越性；但另一方面，社会主义初级阶段的社会生产力仍比较滞后，社会主义制度也还存在各种问题，因此，无法为个人价值的充分实现提供绝对的保证。在弘扬红岩精神的过程中，应积极弘扬自我价值和社会价值相统一的因素，鼓励个人在为社会做贡献、为人民服务的过程中，最大限度地提升自身在社会中的存在意义，实现自我价值与社会价值的统一。

（二）红岩精神在思政教学中的应用

1. 在课堂教学中的应用

首先，红岩精神"进课堂"。红岩精神进课堂是开展红岩精神教育的重要手段。在"中国近现代史纲要"课教学中，思政课教师可以在讲述抗战历史时进一步拓展教育内容，向学生深刻讲述南方局及全体红岩先烈为赢得抗日战争胜利所作出的重要战争贡献和巨大牺牲，鼓励学生不断学习南方局共产党人崇高的思想和伟大的人格，告诉学生就是在这风雨如磐的战争岁月里培育和形成了红岩精神。在"思想道德修养与法治"课教学中，红岩烈士救亡图存的爱国精神、坚定不移的理想信念是开展爱国主义、理想信念教育的生动素材。以讲述红岩革命烈士高尚的爱国行为、坚定的革命信仰为契机，帮助学生借助具体事例精准剖析红岩精神蕴含的科学内涵与重要价值。在"马克思主义基本原理"课教学中，以"社会意识具有历史继承性"为切入点，引出红岩精神在现代社会中存在的合理性，突出红岩精神具有的当代价值。在"毛泽东思想和中国特色社会主义理论体系概论"课教学中通过向学生介绍红岩精神是党和人民经过斗争实践孕育而生的时代产物，是弥足珍贵的革命精神，引导和培育学生不断强化对中国革命精神的认同，鼓励学生在新时代继续弘扬与传承红岩精神。在"形势与政策"课教学中，思政课教师在讲解当前国内外社会时事时运用红岩精神，告诉学生红岩精神在抵制不良思潮影响和价值观念冲击方面发挥的思想引领作用，突出红岩精神的当代价值。

其次，红岩精神"进教材"。当前，红岩精神尚未渗透到现有教材内容之中，然而推动教材修订又是一件集多部门各单位综合考虑、科学研判的重大决策，因此很难实现红岩精神渗透到现有课程教材中。但是，高校可以根据实际情况有针对性地编写与丰富课外教材，帮助大学生进一步了解和掌握南方局的艰苦历史及红岩革命烈士的光辉事迹。例如某大学现已出版《红岩精神大学生读本》《红岩精神时代价值》等课外读物，从固定教材之外扩充红岩精神读本，有效弥补了红岩精神难以渗透到当前思政课教材中的不足。总之，将红岩精神适时、适当地渗透到思政课程教学中,充分发挥思想政治理论课在红岩精神教育中的主课堂作用,积极推动红岩精神进课堂。

2. 在实践教学中的应用

传统课堂教育在个体意识强烈、思维方式灵活的大学生群体之中不太受欢迎,此时思政课教师要不断改进教学方式,开展内容丰富的实践教学,不断提升学生的兴趣点和注意力,以满足学生的现实诉求。开展红岩精神实践教学,首先,要建立实践教学基地。以重庆市为例,重庆市红色文化资源丰富、革命遗址众多,是开展红岩精神实践教学的绝佳场所。重庆市高校将本地红色资源有效利用,积极与当地研究机构、文化部门保持合作联系,建立红岩精神实践教学基地,为开展实践教学提供便利。例如2013年1月,西南大学与红岩联线签订合作协议,将红岩联线作为该校研究生思想政治理论课的社会实践教学基地,由红岩联线、西南大学研究生院、西南大学马克思主义学院思政课教学部三方共同协商制订社会实践方案,策划与开展红岩精神实践教学。2020年12月7日,四川外国语大学与红岩联线签署合作协议,双方同意共建"红岩文化与思想政治教育研究中心"与"四川外国语大学思想政治教育实践基地",将围绕人才培养、社会实践、课程互建、资源共享等方面展开深入合作。西南大学、四川外国语大学先后与地方研究机构合作建立红岩精神校外实践教学基地这一举措,不仅能够充分利用好本地革命遗址、旧址展开红岩精神实践教学,还可以与地方文化部门共享共用红岩文化资源,不断将红岩精神开发为教育内容,转化为育人优势。其次,运用多种实践教学方式。思政课教师在开展红岩精神实践教学时,应当不断探索不同类型的教学模式,充分发挥各类教学模式的独特优势,努力提升红岩精神实践教学的实效性与针对性。例如访谈式教学可以邀请红岩革命烈士的后代为大学生讲述革命先烈的感人伟大事迹,在面对面的讲述中加深大学生对革命历史的了解,对红岩精神内涵的感悟;现场式教学指带领大学生赶赴革命纪念馆、爱国主义教育基地现场,就地开展红岩精神教育,依托现场的历史实体实物,在身临其境的氛围中增强讲课的说服感与可信力;影像式教学可以组织大学生观看《江姐》《烈火中永生》等红岩专题影片,观看荧屏上的红岩革命烈士如何爱国爱民,如何追求革命真理,在观看过程中使大学生的思想得到洗礼、心灵得到净化、情感得到认同。总之,通过西南大学、四川外国语大学先后与地方研究机构合作建立红岩精神校外实践教学基地这一举措,不仅能够充分利用好本地革命遗址、旧址展开红岩精神实践教学,还可以与地方文化部门共享共用红岩文化资源,不断将红岩精神开发为教育内容,转化为育人优势。

四、红船精神在思政教学中的渗透

（一）红船精神的产生

中国共产党通过近百年的实践，充分验证了红船精神的正确性。在中国共产党的百年征程中，红船精神始终彰显党的初心，并作为一种精神支柱引导着中国的革命和建设事业。中国共产党第一次全国代表大会的最终议程，也是最重要的议程在这艘小船上完成。嘉兴市南湖区由于见证了历史，定位了中国革命的源头，成为嘉兴市的政治资源之一，也成为独一无二的精神宝物。

中国共产党诞生于鸦片战争以后中国社会的危难时刻。同样，红船精神是在中国几千年来未曾有过的翻天覆地的社会变化中产生的。鸦片战争之后帝国主义用坚船利炮把中国人从天朝大国的美梦中敲醒，一代代中国人为了改变贫穷落后的社会现状，进行了艰难曲折的探索。在历史的紧要关头，中国共产党顺应社会发展大势诞生了。此后，中国人民为主宰自己命运而进行的斗争开始有了主心骨，并在浴血奋斗的中国革命实践中将自身磨炼成坚强的领导力量。

正是因为具有红船精神的革命志士成立了中国共产党，所以说红船精神不仅是中国共产党独立探索救国之路的开端，也是中国共产党史的开篇之作，也是救国之路上革命精神的原动力。可见，红船精神是共产党人的精神标识。

（二）红船精神的内涵

1.首创精神

开天辟地、敢为人先的首创精神存在于中国共产党的百年历程，并贯穿于革命和建设的整个历程，指引党和人民取得一次次胜利。事实表明，在中国，资产阶级和农民阶级都无法带领人民群众走向胜利。时代召唤新的阶级、政党登上历史舞台领导危难中的劳苦大众翻身求解放、求独立。中国共产党诞生之后，中国革命才拥有了真正可靠的领导力量，人民群众才拥有了可以拥护和追随的组织力量。同时，党积极与世界无产阶级革命保持联系，确保中国革命可以拥有来自其他国家的支持。

毛泽东同志作为一名中国共产党党员不仅熟读国内外经典著作，而且深入民间开展实地调研。他通过总结中国农村革命根据地建设和斗争的经验教训，详细探析中国革命发展的趋势及中国革命胜利的必然性，进而提出了农村包围城市的革命发展道路。遵义会议在中国共产党成长的发展过程中具有里程碑意义，这次会议也是中国共产党人首次运用马克思主义原理解决自身实际问题的实践。党通过开展延安整风这一首创性的思想整顿活动，取得了以下两方面的重要成果：一方面，通过延安整风运动在全党确立了实事求是的思想路线；另一方面，通过延安整风运动进一步确立了毛泽东思想的指导地位。

新时代以来，全国上下齐心协力共圆中国梦。与此同时，在习近平总书记的治国理政的思想指导下，中国构建了党领导一切的治国理政框架。回顾党诞生以来的百年历史，同样也是红船精神产生以来的历史，首创精神始终存在并发挥重要作用。

2. 奋斗精神

坚定理想、百折不挠的奋斗精神是红船精神的支柱，是党和人民的胜利之本，其本质是为了实现共产主义理想不怕挫折、绝不退缩、艰苦奋斗的实干精神。坚定理想、百折不挠是为了坚定马克思主义革命信仰和实现共产主义远大理想，形成不畏艰难、不懈奋斗的革命品格。战火和硝烟催生了中国共产党，党从成立之初就遭到各种反动派势力迫害，但是为了实现中华民族伟大复兴事业，为了实现共产主义最高理想，无数仁人志士不畏艰难、不惧牺牲，在艰苦环境中坚定理想，在高压封锁中传递信仰，在白色恐怖中捍卫真理，红船精神的坚定理想、百折不挠的奋斗内蕴由此诞生。坚定理想、百折不挠的奋斗精神充分彰显了马克思主义理论品质的实践性，从马克思主义立场解读红船奋斗精神，其内在地蕴含着勇于实践、百折不挠、实事求是的精神特质。

3. 奉献精神

奉献精神是红船精神的本质。从红船中涌现出来的革命先驱，为了人民的幸福生活奉献到生命的最后一刻，充分证明了中国共产党人不是为少数人谋私利的，而是为中国最广大人民谋幸福的。奉献精神是党带领人民走在时代前列的情感要素，彰显了中国共产党人执着的价值追求。党和人民群众的关系常常被比喻成舟和水的关系，党必然要与人民群众风雨同舟。党与人民同甘共苦，积累了许多宝贵经验，这些经验归根到底来自人民。青年马克思主义者应该始终坚持以人民为中心，深入基层，服务群众，解决好人民群众"急难愁盼"问题，努力增进和人民群众的感情、拉近同人民群众的距离，用实际行动诠释担当、以奉献精神凝聚民心，依靠人民创造历史伟业。

（三）红船精神的特点

红船精神传承了数千年的中华优秀传统文化，经过近代与马克思主义科学思想的交流融合，具有与其他精神不同的特征。红船精神是中国共产党的初心所在，具有鲜明的历史性和先进性。

1. 历史性

红船精神具有历史性，红船精神产生于早期共产党人的艰难革命实践。但是早期共产党人没有明确地提出红船精神，也没有阐释其内涵。红船精神是后人从革命前辈地实践探索和革命事迹中提炼出来的。

红船精神的历史性体现在红船精神的产生并非偶然，而是社会发展的产物。鸦片战争至俄国十月革命期间，社会各阶层的各种救国方案、救国道路都无法实现。在俄国十月革命的激发下，我国革命有了全新的发展，一批又一批的知识分子以马克思主义为核心，坚韧不拔地投身于农民和工人运动的潮流中，建立了以工人阶级为代表、维护工农群众利益的新型政党。在历史发展过程中，在中共中央不断地领导和带领下，人民群众坚持进行社会主义建设，持续为中华民族伟大复兴贡献着自己的力量，共同打造社会主义现代化强国。

红船精神的历史性体现在其存在于党的各项实践活动和工作中。在红船精神的领导和启发下，陆续形成了井冈山精神、长征精神等系列革命精神，最终打造了具有中国特色的红色精神体系。井冈山精神起源于井冈山革命根据地，是工农武装在国民革命失败之后不断努力和奋斗的结果，它使得革命的火种延续并爆发，为中国革命的发展指明了方向。长征精神则是发源于红军长征，彰显出红军不畏牺牲，在逆境中找到一条生路，保存了革命火种的魄力。

2. 先进性

作为中国共产党的革命精神之源的红船精神，影响了我国其他革命精神的孕育，具有先进性。在马克思主义看来，社会意识是由社会存在所决定的，同时又具备独立性和相对能动性。红船精神的先进性体现在推动中国革命事业的发展。红船精神指引中国共产党根据国内外形势调整政策，使其从幼年走向成熟。

红船精神的先进性体现在推动社会主义事业的快速发展中。在社会主义发展的过程中，中国共产党也存在一系列不当决策。红船精神指引中国共产党汲取苏联的经验、避免苏联的错误，根据中国实际，建立以中国实际情况为基础，具备典型中国特色的发展之路。同时配套了市场经济制度，进行了政治、经济、文化各方面的改革，完成了港澳的回归大业。中共中央审时度势采取的对外开放政策，使中国愈来愈强大、富强，人民愈来愈富裕、幸福。

新时代以来，习近平新时代中国特色社会主义思想是关于马克思主义中国化的最前沿的理论成果，也是党和人民在伟大民族复兴过程中的灯塔。在党中央的报告中表明，在2049年，将产生一个崭新的、强大的、和谐的社会主义现代化强国。红船精神的先进性指引党和人民紧紧团结，发挥无穷的创造力和实践力，更好地建设社会主义事业。

（四）红船精神的渗透意义

红船精神被赋予了深刻的内涵，它与社会主义核心价值观在文化内涵、理论价值、思想渊源方面具有同质性和同源性，是高校思想政治教育的重要理论资源，具有价值维度。

1. 首创精神的意义

大学生是国家未来创新型人才的生力军，这一代人生在新世纪，具有开拓创新的天然性。在"互联网+"蓬勃发展的时代，大学生思维方式敏捷，对新事物和新讯息掌握及时，有着其他群体难以替代的独特优势。但是，大学生的创新意识仍需加强、创新目标不够具体，这就要求高校思想政治教育在培养学生综合创新能力方面下功夫，引导大学生用创新回应时代的迫切呼唤。开天辟地敢为人先的首创精神具有先进性，体现了共产党人解放思想锐意进步的精神气概，在党的百年艰辛奋斗史中一以贯之是党始终走在时代前列的关键所在，催化了社会主义核心价值观在国家层面的共识。在新时代，首创精神继续引领时代改革创新的新航向，是推进社会主义现代化强国建设的思想武器。在高校思想政治教学中渗透红船精神之首创精神，充分鼓励大学生勇于探索、精于钻研、敢于实践，切实担当起时代赋予的重任和历史的使命，使大学生在红船精神的指引下把青春梦想寓于伟大的中国梦之中，做新时代改革创新的先锋队。

2. 奋斗精神的意义

奋斗精神是大学生坚定理想信念的思想支撑。青年的理想信念关乎国家未来，青年坚定的理想信念是一个国家、一个民族无坚不摧的前进动力。随着自媒体的迅速发展及西方加大了对我国文化的渗透力度，理想信念教育面临一定的挑战，如大学生中存在政治立场摇摆、价值判断固化等现象，这就要求高校思想政治教育要用共产主义理想信念为大学生的发展引航铸魂。坚定理想、百折不挠的奋斗精神具有引领性，与理想信念在内在逻辑上有着较高的契合度，折射出了共产党人对马克思主义信仰的坚定和共产主义信念的坚守，是党历经磨难仍浴血奋战、初心不改的精神底色，造就了社会主义核心价值观在社会层面的共识。在新时代，奋斗精神仍然是党团结带领人民奋勇前进的主旋律，是构建社会主义和谐社会的思想指南。在高校思想政治教育中渗透红船精神之奋斗精神，有利于引领大学生以昂扬斗志和勇往直前的姿态坚定共产主义远大理想。通过深入挖掘红船精神的历史价值和育人功能，引导大学生从必然性解读党的发展进程，坚定不移地拥护党的领导；从继承性领会革命英雄的可贵精神，锲而不舍地增强精神动力；从规律性理解、实现共产主义的光明前景，坚定理想信念，以强烈的时代责任感投身于中国特色社会主义事业建设的历史浪潮，争做伟大事业的崇拜者、宣传者、践行者，自信地接过实现中华民族伟大复兴的"接力棒"。

3. 奉献精神的意义

伴随改革内生动力的增强和技术升级步伐的加快，一方面，大学生的学习、娱乐、出行、交往呈现多元化、便捷化、人格化等特征；另一方面，部分大学生中存在拜金、炫富等现象，这种同辈群体带来的消极影响导致大学生心态浮躁不安，将个人利益与社会利益割裂。受各学段应试教育模式影响，有些学生过分注重专业理论学习，认为奉献社会和人民会浪费个人时间，间接造成了大学生群体奉献精神缺失，这就要求高校思想政治教育把培养大学生奉献情怀作为重要价值导向。立党为公、忠诚为民的奉献精神具有实践性，奉献精神是共产党人心系人民群众、树立正确义利观、扎根社会服务的逻辑展开，它孕育了社会主义核心价值观在公民层面的共识。在高校思想政治教育中渗透红船精神之奉献精神，有利于大学生把党优良的奉献传统发扬光大，铸造胸怀大爱的人文情怀。用奉献精神浇灌大学生的心田，可以让以人民为中心的思想在大学生心中生根发芽，在为人民和社会的倾情奉献中，升华青春价值，抒写人生篇章。

（五）红船精神在思政教学中的应用

当今中国正在经历"百年未有之大变局"，精神力量的指引显得更加重要，红船精神内涵丰富、影响深远，因此要根据各高校的实际情况和大学生的特点，将红船精神真正渗透到思想政治教学中。

1. 在课堂教学中的应用

思政课是高校落实立德树人根本任务的关键课程，是对大学生进行思想政治教育、提高政治素养的主要渠道。红船精神是高校思想政治教育的重要资源之一，将红船精神渗透到思政课的全过程，既可以提升思政课的实效性和吸引力，又可以传承和弘扬红船精神。高校开设这些相关思政课程时，要充分挖掘红船精神与课程内容的渗透点。在课堂教学过程中，一方面教师要做好相关内容的准备，为学生生动地讲解红船精神的丰富内涵；另一方面要调动学生的参与热情，通过课堂讨论、学习分享等形式，让学生主动体会和领悟红船精神的强大现实力量，更加深刻地感受红船精神的感染力。用红船精神的内涵充实学生的头脑，培育大学生的创新精神、奋斗精神和奉献精神，使其在日常的学习和生活中，坚定理想信念，勇于开拓创新，提升为实现中华民族伟大复兴而努力奋斗的决心。

2. 在实践教学中的应用

实践活动是将书本中的知识转化为实践能力的最好方式，红船精神在大学生思政教学中的渗透，也应该体现在号召广大学生积极参与实践的教育活动之中。在实践中提高对红船精神的感悟和认知。通过实践活动，大学生锻炼了意志、磨炼了品格，更深刻地理解了红船精神中奉献精神的意义。作为新时代大学生，他们脚下的道路更宽阔、肩上的责任更艰巨，他们必须承担起祖国的希望与未来，所以要将思政课堂同实践结合起来，让大学生在实践中体会红船精神、传承红船精神、弘扬红船精神。

五、红色影视资源在高校思政教学中的渗透

（一）红色影视资源概述

1. 红色影视资源的涵义

影视是随着科学技术的发展而产生的一种现代艺术形式，是电影、电视剧、动画等的简称。它通过生动的影像来反映一定时期特有的社会现象，引导观众接受符合国家发展和社会进步所宣传的正面价值观念，引导人们对一些社会事实和社会现象能够有正确的认知和做出正确的判断。有学者认为所谓的影视资源就是指以电影和电视形态呈现出的一系列资源。学者们通过研究关于红色影视的涵义，一致认为其具有广义和狭义之分。其广义上是指爱国进步人士在进行建国、强国和富国的探索过程中不断取得成果的历史故事和事迹，能够鼓舞人们的斗志，激发人们的爱国热情，催人奋发图强、积极上进的具有红色正能量的影视作品；而在狭义上则是指共产党人和爱国人士在革命时期发生的积极向上并催人奋进的革命历史、先进事迹的作品。也有学者认为红色影视是能够体现和反映不同时期我国的民族文化和民族精神的发展情况，其呈现的是中国共产党在带领和引导人民群众进行国家革命、建设和改革的一系列过程中表现出的政治理想、爱国行为和价值追求。红色影视镜头中再现了战争的规模、伤亡等，通过对真实革命战争的重演，使人们近距离感受集体和个人面临生与死的选择时所作出的决定，让人们在观看的过程中感受战争的残酷，引发人们产生向往和平的共鸣。

综上所述，红色影视是以电影、电视的艺术表现形式，呈现以革命历史、革命战争和革命人物为主要题材进行创作的影视作品，其中革命精神、民族精神和爱国主义精神贯穿整部红色影视作品的始终，是对我国革命、建设和改革各个时期客观、生动的反映，体现了不同时期社会主流价值观、积极向上的正面思想，向人们传递正能量。红色影视不仅是物质文化的体现，也是精神文化的体现。红色影视资源就是各类红色题材的电影、电视作品为了达到某种目的而集中形成的某一类资源。例如为了让当代大学生更好地了解和学习英雄榜样人物的良好品质，

选取《孔繁森》《捍卫者》《刘伯承元帅》《焦裕禄》《永远的雷锋》等红色影视资源进行教学,可以引导学生继承先辈的爱国精神和高尚情操,以便在今后的社会实践中进行运用和培养,同时也使大学生检验自身的行为是否符合规范。

2. 红色影视资源的概念

红色影视资源不仅包括红色文学著作,还包括电影、电视剧、戏曲、绘画、建筑等具有教育价值的艺术表现形式。红色影视是具有民族风格并为广大人民群众所喜闻乐见的影视作品。红色影视资源的题材包括我国进行革命、建设、改革的各个历史时期,涵盖了革命史、英雄史、奋斗史、血泪史,它的素材来源于人们的社会生活和社会实践。在符合被人们所接受和认可的社会主流价值的前提下,红色影视资源渗透到高校思政课对大学生进行思想教育,其最终的目的是运用和服务于社会实践,发挥实际效用。弗里德曼曾说,"文化在民族认同方面具有举足轻重的地位和作用"[1],而红色影视资源在加强大学生对民族文化的认同方面,所取得的效果远比单纯的课堂讲授更加直接。红色影视资源以红色文化为载体,对红色影视中的革命精神进行弘扬和传播,在教学中易于让学生产生民族自豪感、优越感和幸福感,使他们认同民族文化,使爱国主义教育落到实处。红色影视资源主要是指可以运用于高校思政课课堂教学过程中,能够服务于教学内容以实现教学目标的具有教育价值的红色影视作品资源。需要强调的是,并非所有的红色影视资源都可以渗透到高校思政课教学当中,红色影视资源的运用需要经过教师的精心筛选和加工整合,需要符合教学所具备的基本条件和思想政治教育的教学内容,并且在课堂上所呈现的红色影视作品或片段要有利于学生的学习和成长。

通过对红色、红色影视的描述释义,本书中对红色影视概念的界定是将各学者的观点进行融合,也就是能够反映党带领着人民进行革命、建设和改革过程中体现出民族品格和革命精神所作出的努力和贡献的影视作品。对红色影视资源概念的界定是以红色影视概念的界定为基础的,红色影视资源是指以特定的故事情节、社会历史和社会人物为对象,以电影和电视剧的艺术呈现形式反映民族精神和革命精神,具有思想政治教育价值和功能的红色影视作品,可以用于思政课教学的课程资源,也就是能够作为高校思政课的教学素材、教学内容补充资料及课程资源来加以利用的资源。

3. 红色影视资源的发展历程

(1)兴起阶段

红色影视资源开始于"九·一八事变"后期,当时的红色影视资源大多是唤醒人民群众的民族危机意识和号召广大人民群众积极参与抗日的作品。在这一时

---

[1] 乔纳森·弗里德曼. 文化认同与全球性过程 [M]. 郭建如,译. 北京:商务印书馆,2003.

期我国拍摄了许多红色影视的作品，例如《一江春水向东流》《风云儿女》《延安与八路军》等电影，极大地鼓舞了广大人民群众抗击日本侵略者的信心和决心。1945年解放战争时期，为了打倒国民党反动派，实现人民群众当家做主，我党拍了以解放战争为题材的影视作品。例如《百万雄师过大江》《上饶集中营》等电影，以此来唤醒广大人民群众的阶级意识。

（2）曲折发展阶段

在中华人民共和国成立初期，红色影视发展基本上呈现着平稳的趋势，但是随着国内政治斗争呈现不稳定性，这一时期红色影视作品的数量和质量都有所下降。鉴于此现象，1956年，随着"百花齐放、百家争鸣"方针的提出，国内的影视事业出现了蓬勃发展的局面，涌现出了一大批优秀的红色影视作品，例如《上甘岭》《南岛风云》《侦察兵》《南征北战》《鸡毛信》《铁道游击队》《董存瑞》《渡江侦察记》《平原游击队》《黄河少年》。

（3）发展和崛起阶段

随着1976年的到来和1978年"关于真理标准问题"思想大讨论的兴起，中国思想文化界开始"遍地开花"。在以邓小平同志为核心的党的第二代中央领导集体的带领下，纠正了过去"文艺服从政治、文艺从属政治"的做法，国内的影视事业出现了进一步的发展，红色影视也更加丰富多彩，红色影视的拍摄更加贴近生活，也更加喜闻乐见。

随着21世纪的到来，中国社会经济的发展日新月异，国民物质生活水平不断改善，公民的文化审美水平不断提升，红色影视的拍摄也出现了质的飞跃，国内各大影视传媒集团拍摄了许多优秀的红色影视作品，例如《长征》《激情燃烧的岁月》《历史的天空》《小兵张嘎》《恰同学少年》《亮剑》《建党伟业》《建国大业》等。但是随着经济发展的市场性增强，一些影视传媒人只顾追求市场经济效益，忽略了红色影视资源的真实性特点，使得有的红色影视资源在拍摄的过程中出现了许多不符合事实的场景，于是国家广电总局在2004年下发了《关于认真对待"红色经典"改编电视剧有关问题的通知》和《关于"红色经典"改编电视剧审查管理的通知》，由此看出红色影视资源繁荣市场的背后，还需要人们进一步地深思和探索。

4.红色影视资源的主要类型

（1）红色影视剧作类

红色影视剧作主要包括反映革命战争年代及和平建设时期的经典影视作品（歌曲、电视剧、电影）。例如歌曲《没有共产党就没有新中国》《义勇军进行曲》《我和我的祖国》等；电视剧《毛泽东》《恰同学少年》《长征》《陈赓大将》《海棠依旧》等；电影《南京大屠杀》《铁道游击队》《建国大业》等。这些优秀的影视作品以真实的历史人物为原型，以历史事件为切入点，真实还原了当时的历史背景。反映出中国共产党带领人民群众不屈不挠、奋勇抗争的爱国主义精神和时代精神。

（2）红色文艺演出类

红色文艺演出是指彰显祖国伟大的抗争精神及歌颂祖国建设美好生活的文艺演出。这些文艺演出以历史事件为主线，以特定的历史时期为主题。通过精彩演绎使人们在观看演出时真真切切地感受红色文化的魅力。例如歌颂祖国成立七十周年文艺演出《歌唱祖国》、展现抗日战争精神的话剧《沙家浜》《智取威虎山》《海港》及芭蕾舞剧《红色娘子军》等。这些文艺作品展现了中国共产党带领中国人民不屈不挠、勇于抗争的斗争精神。在社会主义新时期仍有巨大的教育意义。

（3）红色纪录片类

红色纪录片主要是通过以纪录片的形式弘扬红色文化，展现中国共产党带领人们从革命斗争到伟大胜利的历程及中国共产党人传奇的一生。例如《毛泽东》《朱德》《邓小平》《周恩来》等；纪念抗战胜利70周年的《胜利》、表现抗美援朝的《较量》、再现新旧政权更替的《中国》、纪录中华人民共和国外交史的《周恩来外交风云》等。这些作品都从不同方面记录了中国的风云历史，同时也开拓了文献纪录片的表现领域、丰富了文献纪录片的创作手法。

5.红色影视资源的基本特征

（1）教育性

红色影视资源作为高校思政课中一种特有的课程资源，与其他的课程资源相比具有所无法比拟的教育功能，它在课堂中一方面加强学生对中国共产党及建设社会主义社会的清醒认识，另一方面红色影视资源作为一种先进的文化，在当今社会具有重要的地位和作用。红色影视资源是对我国革命历史的再现，学生通过在课堂中观看红色影视资源，能够从中体会到老一辈无产阶级先辈为了广大人民群众的利益洒热血抛头颅的革命情怀，帮助学生在潜移默化中树立崇高的、无私奉献的精神，坚定理想信念、提高思想道德素质，在无形中形成自我教育和现实生活教育的统一。红色影视资源富有趣味性，能够极大地吸引学生的兴趣，从而在潜移默化中提高学生的思想觉悟，发挥出巨大的教育作用。红色影视资源中典型人物身上所散发着那种聪慧和毅力，能够激励学生以这些人物为榜样，坚定内心信念，使他们无论遇到多大的困难与挑战，都会拿出不抛弃、不放弃的气魄，战胜它们，取得最终的胜利。

（2）多样性

红色影视资源是无产阶级前辈在建设中国的过程中，留给我们的宝贵的精神财富。在中华人民共和国成立与成长的过程中，我们经历八年的抗日战争和三年的解放战争、抗美援朝战争、对越自卫反击战争等，这一系列的战争留给了我们无数的真实和传奇的故事。红色影视资源内容丰富、形式多样，既有战争的事实记录，也有人物传记和历史遗迹等，这些红色影视资源无时无刻不在提醒着我们要向老一辈的革命家学习，所以在思想政治理论课的课堂中，教师要充分地利用身边的红色影视资源来拓展学生知识面，激发他们的学习积极性。红色影视资源不仅反映了老一辈的革命风尚，还融入了一些现代的元素，做到了历史性与时代性的有机结合。红色影视资源将看、听、思有机结合，使学生得到视觉的享受、听觉的震撼，并对其进行深刻的思考、感悟。红色影视资源能激发学生的主观能动性，鼓励学生积极主动的思考学习，能够有效地将知识、道德、价值观等渗透到思政课中，对学生的身心健康起到积极的作用。总之，红色影视资源在思政课中发挥着不可替代的作用。比如《红岩》《党的儿女》中塑造了一个个让人敬佩的英雄人物形象，在这些英雄人物身上，流露着英勇无畏、顽强不屈的精神；《地雷战》《地道战》表现了游击队员聪明勇敢、勇于与敌人周旋、不怕牺牲的战斗精神；《我的长征》《雄关漫道》展示了长征这一令人崇敬的伟大壮举；《恰同学少年》则反映了革命领袖在艰难时期的坚强意志等。

（3）时代性

红色影视资源应有坚定的阶级立场，红色影视资源是党和广大人民群众在建设社会主义国家过程中的产物，无论从内容上还是从形式上来看，它都具有鲜明的时代性。

首先，从题材上来看，它都是以国内的历史革命为题材，都是以国内土地革命、北伐战争、抗日战争、解放战争等为背景创作完成的，都具有一种特殊的时代精神。通过对这些战争故事的加工和拍摄来反映中国共产党人及广大人民群众抵御外国侵略者，和为了中华人民共和国的成立所付出的艰辛努力与伟大牺牲，这也就是为什么红色影视资源具有鲜明的时代性。

其次，从具体内容上看，红色影视在不同的时代背景下所反映的故事内容也大大不同。比如在土地革命时期，它反映的主要是推翻国民党反动政府的黑暗统治；抗日战争时期，则主要是宣扬"团结一致，积极抗日"的主题；在解放战争时期，则是讲述广大人民群众和中国共产党领导的军队为了中华人民共和国的成立，勇往直前不怕牺牲的精神。而在如今，以市场经济为前提的背景下，大多数红色影视虽说都是以战争背景为素材，但主要功能已经不再是以宣传和教育为目的。然而,一方面它要具有一定的市场经济效益,另一方面它还要经得起广大人民群众结合历史的检验,只有这样人们才会有认同感。由此可以看出红色影视资源随着时代的不断变迁,也是在呈现着时代的变化。

(4)民族性与科学性

目前,运用最为广泛的是《辞海》对文化所作的定义,文化是人类社会历史实践过程中所创造的物质财富和精神财富的总和,即广义的文化。狭义的文化指语言、文学、艺术及一切意识形态在内的精神产品。文化是在一定时期、特定地域形成的产物。红色影视资源是先进的文化,反映了战争年代革命先辈率领人民群众反抗外来侵略者,为争取民族独立、民族解放而英勇无畏地进行不屈不挠的斗争,显示了民族性;还反映了一切从实际出发,实事求是的科学理论,具有科学性。当代的大学生从小就接受爱国主义教育,培养居安思危、维护世界和平与安全的思想,而红色影视资源中含有这些精神元素,因此,红色影视资源的民族性与科学性有利于增强大学生对民族文化的认同感与自豪感。

(二)红色影视资源的思想政治教育功能

1. 社会主义核心价值引领功能

伴随着市场经济的发展,道德滑坡、诚信缺失和功利主义等不良思想为学校思想政治教育工作敲响了警钟。大学生正是树立理想信念的重要阶段,存在思考问题不全面、缺乏正确判断和认知的问题。高校思政课教学是培育学生价值观的重要途径,红色影视所反映出来的精神文化和价值取向,能够引领和规范大学生的外在行为;红色影视资源作为思政课教学的重要补充资源,有利于形成培育学生正确价值观的生活环境和学习氛围。核心价值观从国家、社会和家庭三个层面对学生进行世界观、人生观和价值观的指引。红色影视从目的性、倾向性、扩散性等性质方面,通过对革命历史、革命战争、革命人物的客观事实的再现,使其传播的精神力量植入人们的心灵和精神世界,是社会主义核心价值观引领和指导人们提升精神境界的具体体现。例如电视剧《燃烧》中讲述了抗日英雄为保护组织上一个重要的密码本与一系列小人物产生联系,如土匪、汉奸、小商小贩、黑店老板娘等,经过重重危机甚至付出生命的代价,完成看似不可能完成的任务,成为人们心目中的英雄。红色影视片段中的许多细节体现出当前社会发展所需的主流价值,运用于高校教学可以引领学生对其进行传递和弘扬。

2. 意识形态引导功能

高校思政课是在马克思主义的指导下对学生进行培育和教化,促使大学生在实践中将学校思想政治教育的成效外化于实际行动,是一门"以社会主义意识形态为主导"的学科课程，其所具有的意识形态性能够在强化学生的意识形态的同时加强学生精神层面的建设。当前，网络信息的参差不齐及西方国家主流价值观念的传播，使人们的主观意识和思想观念变得多元化、多样化，面对意识形态领域的激烈斗争，大学生作为网络信息接收的主要群体，不能因受到外界错误言论的影响而妄自菲薄。红色影视资源所呈现出的红色影视文化的产生和形成是在马克思主义理论的指导下不断丰富和发展的过程，是中国共产党在不同时期的发展呈现，具有相对独立性。高校思政课具有传导、主导意识形态，调节社会精神生产的思想政治教育功能，能丰富大学生的精神世界，而红色影视实际上是在发挥和强化社会主义意识形态的引导功能，防止大学生在面对外界物质、金钱利益等的诱惑下产生意识形态领域紊乱，从而造成精神世界的空洞无物。红色影视资源渗透到高校思政课教学，能够有效发挥思想政治教育的政治功能，有利于学生了解和学习"四史"，坚定对党的信心和坚持正确的政治方向。红色影视使革命人物为抗战付出的巨大牺牲和作出的重大贡献变得具体化，有利于学生继承革命精神和发扬光荣传统，筑牢理想信念和培养勇于担当历史使命的责任感，以此来巩固其意识形态，正确地引导学生地思想。

3. 文化自信教育功能

文化自信教育越来越重要。而多元的文化环境是削弱大学生文化自信的外在因素。学生的生活离不开外部环境，尤其是目前特别强调思政课的生活化，无论是国际大事还是国内时事，学生都得对其有所了解。而大学生在了解这些信息的同时，不免会接受一些西方"入侵"的文化或者是市场经济下所产生的弊端给学生带来的不良影响。因此，作为思政课教师在对学生进行教学时，应适当选取能够代表中华先进民族文化的红色影视资源，使学生在头脑中有清醒的认识：不应仅看美国大片、韩国电视剧和日本动漫，我们更要关注体现民族文化的影视，克服"民族虚无主义"和"历史虚无主义"。

红色资源是我们中华民族宝贵的资源，作为年轻的一代理应对其了解。以红色资源为源泉拍摄的红色影视，可以在高校思政课上拿出来，尤其是能够体现为了中华民族伟大复兴而浴血奋战的革命人士的影片，正是因为他们，给我们创造了无数优秀的文化成果，特别是一直激励全民族奋勇向前的民族精神，是尤为宝贵的精神财富和文化财富。21世纪的我们绝对不能丢了民族文化，否则文化强国的建设便失去了根基，青年学生也会缺少文化自信。

4. 爱国主义教育功能

习近平总书记指出，"只有坚持爱国和爱党、爱社会主义相统一，爱国主义才是鲜活的、真实的"[①] 爱国可以说是个人或集体对国家和民族的一种热爱态度，这种热爱是积极向上、生动鲜活的，新时代的爱国主义教育是真实具体的，是能够被理解和践行的，不是抽象的。红色影视以生动、直观和感染力强的特点，将爱国主义教育和爱国主义精神始终贯穿影视作品的全过程，有着健康向上的思想内涵，其主旨是向大众传递红色正能量、弘扬爱国主义精神。例如电影《八佰》和《我和我的祖国》中表现出每一个看似和国家发展不相干的平凡小人物，却在祖国面临危机时挺身而出，甚至是付出生命也义不容辞，每取得一场战争的胜利、国家获得一个喜人成绩的时刻，都体现了满满的爱国情、自豪感，让观看者产生我和我的祖国一刻也不能分割的共鸣和个人是国家不可或缺的一部分的情感，无形中激发人们的爱国情怀。爱国，什么是爱国？不是非要像革命英雄人物一样抛头颅、洒热血献出生命才叫爱国，而是体现在每个人的日常生活中。例如面临突如其来的疫情，高校大学生遵守学校规定，做好个人的防护不随意出门也是爱国的表现；爱护祖国的一草一木，不破坏公共财产等一点一滴的身边小事均能体现爱国。爱国主义教育缺失会导致出现一些高校大学生在网络上发表不当的言论，需要教师对其进行教育引导。红色影视的生动性可增强爱国主义教育的辐射力和影响力，能够推动爱国情转化为爱国行，让爱国主义教育落到实处，使人们理性表达爱国情感，反对极端行为，对大学生的爱国实践活动产生积极的影响。

5. 榜样人物激励功能

红色影视资源中有很多革命英雄人物的事迹，也有很多平凡的人在进行革命的过程中做了不平凡的事，他们身上体现的顽强不屈、百折不挠的革命精神是值得当代青少年学习的，是高校大学生学习的榜样，能够在学生的学习和生活中产生一定的激励作用。榜样是指可以作为仿效的人或事，也可以是激励大家学习的人或事。学生在日常生活和学习中的很多行为习惯都是通过对榜样的观察而形成的，通过对榜样的观察来反省自身的某些行为是否符合道德规范，从而对错误行为进行改正。榜样可以说是某种道德理想的集中体现，红色影视中的革命英雄人物作为学生学习的典范，可以很好地塑造学生的人格。红色影视中英雄人物形象的塑造具有人性化、多样化、鲜明化、完整化的特点，通过演员深情、生动、具体、形象的演绎，诠释革命英雄人物身上所具有的真、善、美，感受红色影视作品创作所反映出的时代美，培育学生的时代审美能力及对美的鉴别和欣赏能力。革命年代众多不畏强敌、视死如归的无名英雄，为当代大学生树立了一座座永垂不朽的精神丰碑。榜样的力量在废除了土地和工厂的私有制的社会里起到巨大的作用，

---

① 中共中央文献研究室. 习近平关于社会主义文化建设论述摘编[M]. 北京：中央文献出版社，2017.

榜样在潜移默化中形成的力量是巨大的，这无疑启示了高校思政课可以通过开展学习优秀革命英雄人物的活动，利用榜样的力量来影响学生。在和平年代成长的青少年，无法想象革命英雄人物在战火纷飞的年代是怎样用鲜血书写了国家的历史，用血肉身躯换来了今天的幸福生活，无法深刻体会和感受革命岁月的艰苦卓绝。英雄身前枪林弹雨，英雄身后宁静安详。红色影视可以让平凡的学生为榜样的事迹而感动，感受其豪壮的爱国气节，鼓舞学生树立坚定的理想信念，继承和发扬榜样的革命精神并在实践中践行，感受影视中红色文化所带来的独特魅力。

（三）红色影视资源在思政教学中的运用原则

1. 趣味性原则

据了解，很多高校学生认为思政课是较为无聊的理论课，导致大多数人对其不重视；而红色影视资源作为一种极其重要的教学案例被引入思政课案例教学中，具有创设教学情境、激发学生兴趣、提升教学氛围的作用。因而，所选取的红色影视资源在具有教育意义的同时，需能够调动学生的学习兴趣。例如根据历史创作出的原型剧《亮剑》，于荧屏中播放次数较多、评价较高，这部剧中的主人公"李云龙"虽然是历史中不存在的人物，且其自身存在诸多缺点，但其个性极强，智谋与胆识却也着实过人，让人敬佩之意油然而生。对于该剧恰当片段的选择，能给课堂带来意想不到的效果，对学生来说兴趣十足。

2. 真实性原则

真实就是真正的、实际存在的。红色影视资源的运用，在内容上要具有真实性，真实的革命历史、革命战争、革命英雄人物更容易让学生相信，并且可以根据真实历史去查阅相关的文献资料。高校思政课教师作为学生未来人生道路上的引路人，要用正确的价值观来引导学生，宣传正确的思想理论，要讲真话，打造精准语言，不断锤炼思政课教学语言，让理论学习有温度。教师作为学生学习上的传道人，所传之道必须具有真实性，在教育教学的实施过程中能够以理服人，更具有说服力。大学阶段的学生逻辑抽象思维能力较为成熟，自身所掌握的知识范围较广，对于有所质疑的问题能够勇于提出自己的见解。在运用红色影视资源的时候只有遵守真实性的原则，才能经得起现实的打磨，经得起学生"十万个为什么"的考验。同时，保持红色影视资源的真实性是对历史的尊重。虽说红色影视做不到对革命历史每个细节都百分之百还原，但是对于一触即发的战争场面及剧情中塑造英雄人物的紧张心理活动还是能够做到原汁原味的，摒弃虚构的故事情节和红色革命历史，对于历史的真实性还是能够准确把握和还原的。因此，教学运用具有真实性的红色影视资源是教师对教育教学的负责，也是教师职业的基本操守。

3. 教育性原则

红色影视资源运用的教育性原则体现在政治、经济、文化、社会等多方面，红色影视资源渗透到高校思政课教学，所选红色影视资源需要具有教育性，观看后能够引起学生思考和反思。红色影视资源本身具有教育性的特征，其丰富多彩的题材内容、蕴涵的思想政治教育价值和功能，渗透到高校思政课教学具有鲜明的优势。在红色影视资源的教育性原则的运用过程中，教师要注意培养学生将家国情怀与人生理想、人生价值进行结合。红色影视资源的教育性原则也可以称为思想性原则，是对学生进行思想上的教育和引导，让学生对思政课的思想理论产生认同感。教育是人类社会所特有的一项活动或者事业，无论处于什么时代、什么国家，教育对于教育者来说都是教书育人，在教书的同时还承担着育人的使命。高校思政课教师在运用红色影视资源进行教学的过程中要将教书和育人结合起来，发挥红色影视的教育性。例如在讲解革命英雄体现不屈不挠、英勇奋战的革命精神时，可以播放《神枪》《小兵张嘎》《铁血玫瑰》《伏击》等抗战中体现革命精神的具体影视片段，通过具体事件或者革命人物在生死关头的选择，能够让革命精神所具有的内涵深入学生内心，使其具有真正的教育性。在讲解人生价值和人生选择时，播放将影视剧和纪录片相结合并穿插访谈嘉宾拍摄的《记忆的力量·抗美援朝》、大型纪录片《抗美援朝保家卫国》中的节选部分，让学生了解志愿军在异国他乡，需要战胜自然环境的恶劣及克服身体上的不适，进行艰辛的抗战，最后取得胜利，明白他们是为什么才选择背井离乡，明白他们在家和国之间作出了选择。这对于大学生在面对未来人生选择时无疑具有启迪作用。

4. 先进性原则

时代瞬息万变，每一年拍摄的红色影视数量众多，且每一年拍摄的影片都存在差异，因而，在选择红色影视资源进行教学时，万万不可只保留经典却不考虑时代的变化。在面对日新月异的变化时，思政课教师在选择红色影视资源的过程中，需考虑并抓住学生追求新异的个性心理特征，懂得他们对于新鲜事物具有特殊的好感，而对于新上映的红色影视多给予一份关注，以备在某一课时需要的时候加以使用。同时，鉴于时代的变化，事物的含义与外延也处于不断变化的过程中。比如在《永远高擎中华民族的精神火炬》一框题中，中华民族精神的内涵众人皆知，但是，却不能停留于以前：爱国就需冲锋陷阵、英勇杀敌，勤俭节约就需省吃俭用等。因而，一定要赋予爱国主义以新的内涵，使其更符合时代特征，能更好地为建设现代社会服务。在这一意义上，对于选取红色影视资源，不能驻足于老一辈抗战影片，而可以根据革命、建设与改革三个时期的特点选择符合当时特征的影片，以体现此三个阶段分别是如何发扬中华民族精神的；特别是针对21世纪的发展变化，民族精神更不应限于抽象的爱国，更多的是投身于中国特色社会主义的建设中。再比如选取近几年播放的《中天悬剑》《战火中的青春》《军刀》等，硝烟弥漫的抗日战场虽然已经远去，但是剧中的这些英雄人物的感召力，却依然能充分唤起我们的爱国情怀。同时，《最强大脑》这一智力型综艺，在最后一期人机大战中巧妙地融合了现今的综艺节目与革命中的人和事，这样与时俱进的综艺片段，是一个好的教学资源典例。

5. 适度性原则

适度就是适合的度（也指一定的界限和范围），红色影视资源运用的适度性原则就是红色影视资源的运用要保持并不能超出一定的界限和范围，一旦超出相应的界限和范围，红色影视资源在思政课教学中的运用就会发生变化，不适合运用于教学。适度性原则在红色影视资源渗透到高校思政课教学中的运用主要有以下三点。

一是红色影视播放时间上的适度。高校一节课程的时间大概是 45 分钟，在有限的课程时间里，思政课教师不可能整节课都用来播放红色影视，这就需要教师把握好课程时间，做好课前教学设计。二是红色影视资源内容上的适度。红色影视资源在题材上具有广泛性，数不胜数的革命故事、英雄人物、革命战争等不断地翻拍和创新，而在拍摄过程中为了剧情需要有一定程度的改编，对于改编过度、不符合历史事实及画面过于暴露、语言不雅等红色影视内容，教师需要有一定的鉴别能力，教学所用的红色影视内容必须积极向上、有正能量。三是红色影视资源与教材内容互相渗透的适度。此处的适度主要指教学所用红色影视资源与教材内容相联系，根据教材内容选取红色影视要适度，不能喧宾夺主，主要突出教材内容的主体性地位，要关注到红色影视资源是为辅助思政课教学而引入的。另外，还要让学生在课程学习过程中及时了解教师的教学进度，调整自己的状态。

6. 针对性原则

针对性原则也就是要对症下药才能够达到所需效果。首先，红色影视资源的运用要注意教材内容上的针对性。红色影视资源的渗透要结合课程所需的教学内容及课程本身所具有的特点来进行渗透。其次，红色影视资源要注意学生个体发展上的针对性。教师在渗透红色影视资源的同时需要考虑学生的现实情况，遵循学生身心发展的规律特征，针对学生身心发展状况及学生的喜好，有选择性地渗透红色影视资源。例如运用红色影视资源进行爱国主义相关知识点教学时，可以播放 2019 年上映的电影《我和我的祖国》，电影再现一段让人热血沸腾同时也眼含泪光的历史，通过接地气的地方方言、交叉蒙太奇的视频剪辑方法及背景音乐的处理等大众喜爱的影视呈现方式，符合学生的身心发展特征和审美需要。电影内容与教学内容紧密结合，能够让学生感受其中令几代人难以忘怀的伟大时刻和剧中人物的爱国表现，引起学生在情感上的共鸣，只有铭记祖国的苦难及先人的伟大，才会更加珍惜如今来之不易的生活，同时也能够让学生自发地探索在新时代如何表达爱国的行为。

7. 生活性原则

由于选取的红色影视要能够在课堂中创设情境，从而引起学生的共鸣，因此必须选取生活化的红色影视资源。而红色影视资源也许在人们头脑中固化为抗战片，似乎离生活很远，较难贴近学生生活。那么选取生活化的影视资源则是：第一，要符合学生的生活需要并且有利于学生发展，在选取红色影视资源时，应该对学生树立社会主义核心价值观有重要作用，因为此时正在大力提倡社会主义核心价值观建设；第二，要充分体现时代特色，那么，根据这一要求则需选取与时俱进的红色影视资源，例如可选取近年新拍的影视剧，为了学生生活发展、贴近学生了解的社会，要让学生充分参与进来，有学生参与进来才能创设情境。

六、红色经典美术作品在高校思政教学中的渗透

（一）红色经典美术作品概述

红色经典美术作品是时代前进的号角，艺术创作者以中国共产党百年奋斗历史为背景，以中国画、书法、油画、版画、雕塑、陶瓷、漆艺、玻璃、影视、摄影等多种类别进行主题性创作，用图片、实物、视频等形式记录与表达对中华人民共和国和中国近现代的深度情怀，凝聚与传承了红色文化的基因与精神，成为高校弘扬和传播社会主义先进文化最生动、最鲜活的教学资源和珍贵教材，引领青年大学生走进百年风雨，铭记一幕幕震撼心灵的历史时刻，享受艺术美的同时，激励大学生不断奋进。

（二）红色经典美术作品渗透的必要性

1. 适应高校思政课教育审美化需求

思政课除了具有思想性、理论性的特点之外，还应有艺术性，在教学过程中注重同大学生的审美需求相结合，在教学内容中注重同审美素养的艺术作品相结合。而红色经典美术作品具有历史性和艺术性的特点，汇聚成时代长卷，把独具匠心的艺术之美渗透到思政课的"大道理"中给大学生进行讲授，用高超的教学艺术把道理解释透，明确审美方向、渗透审美理念，使理论和评论相结合，实现教学的审美化，成为改进高校思政课教学效果的重要措施。例如古田会议运用艺

术画面效果来解读就会有不一样的教学收获。1972年何孔德创作的油画作品《古田会议》，透过画面强烈地感受到了会议活跃的气氛、代表们专注的神情、领袖与群众之间融洽的关系，丰富生动地再现了古田会议的现场。通过油画作品可以深入地学习与感知当时的时代背景、人物情感。以美感人，以情动人，探寻一条切实可行的审美化教学实践之路，意义重大。

2. 红色美术作品蕴含思政育人功能

红色经典美术作品是艺术者为中国共产党百年奋斗历史创作的，是对革命精神的崇敬、对历史故事的缅怀与新中国建设的抒情，是优秀的文化成果，反映着党的初心与使命，它们丰富与充实了中国现代美术史，成为中国红色文化的重要组成部分。通过思政课的教学平台对创作背景、创作理念、专业技法等方面进行剖析与解读，印证教学观点、丰富教学资源，让作品中所蕴含的爱国情怀、文化传承、历史故事、专业技法展现出来，与思政课教学内容有机结合，转化成当代大学生的思想动力并渗透到日常的生活与学习中。红色经典美术作品所承载的思政教育功能，不仅在于提升和扩展大学生对艺术的认知、视野和鉴赏能力，更加深了大学生对革命历史的充分认知，提高了大学生的思想政治素养和品德，让作品成为高校弘扬和传播社会主义先进文化最生动、最鲜活的教学资源、珍贵教材。1950年莫朴的油画作品《入党宣誓》，画面述说着在特殊年代的危险时刻，在灯光、党旗交相辉映之下，革命者勇敢加入中国共产党的决心。画面紧张而又充满希望，具备深层的精神内涵，对当下大学生入党动机和教育培养具有非常好的引导作用。守好教学是育人工作行稳致远的关键，因此红色美术作品通过思政课更大可能地发挥思政育人功能是值得我们探索和研究的重要命题。

3. 红色经典美术作品拓展思政课教学阵地

课堂作为思政课的主战场，教师需要在课堂中转变传统的书面化教学，精心择取红色经典美术作品来解读其中的理论与哲学，从乏味到精彩，从"低头率"到"抬头率"，用作品吸引大学生主动学习，这是思政课教学的创新。同时，把红色经典美术作品用多媒体形式与学生互动，把枯燥的理论变得形象，展示作品内在的含义与背景故事，天边不如身边，道理不如故事。美术作品增强了教学内容的魅力，推进了课堂教学的效果，发挥了红色文化的教育价值。思政课教学阵地并不局限在教室之中，要穿越传统的教室空间，校内与校外、线上与线下相结合，使思政课日益鲜活精彩。中国美术学院的思政课开到了祖国各地，带领学生走进展览馆、走进博物馆、走进乡村、走进田野，对红色作品中反映的现实场景进行参观、学习与实践，并考察当时战争年代革命先辈的生活生产的场景与物品，为大学生实践报告与写生创作获取丰富的创作素材。此外，可以邀请红色经典美术作品的创作者，使讲授主体多元化，把红色美术家的艺术人生经历作为案例，渗透到思政课教学中，激发大学生的好奇、敬仰甚至崇拜心理，使学生可以从中受到教育和启迪，并让思政课堂变得丰富而立体。

第三节 红色文化的渗透路径

一、教学方面

（一）丰富教学形式

首先，高校思政课教师应结合师生的实际情况，进一步丰富教学内容和更新教学模式，使大学生对红色文化的学习做到内化于心、外化于行。比如将红色文化渗透到思政课教学的环节、将党的最新理论成果渗透到思政课的讲授中，并及时解答大学生的思想困惑。

其次，将红色文化资源及其派生的文化产品纳入高校思政课教学实践中，在教学内容中适当地设置红色文化的教学研讨活动，激发大学生学习红色文化的主动性和积极性，增强思政课的吸引力和活力。高校思政课教师应以红色文化史实为基础，剖析红色文化在各个历史时期的表现形式和作用，提炼红色文化在新时期的内涵，改变大学生对于红色文化的模糊认识，从而进一步丰富红色文化的教学形式，激发大学生学习的积极性。

（二）构建精准化教学平台

精准化的教学平台是基础。大学生思政课堂可以说是高校弘扬红色文化的主要渠道和平台，课堂上的理论讲授能够更加体现系统性、稳定性、科学性、针对性等特点，这也是我们宣传红色文化的主要途径。地方的红色文化资源主要以史料、事迹等语言文字记录为主，在渗透到大学生思政课的过程中难免会存在枯燥的理论陈说和思想灌注，显得教育模式单一、缺乏韵味，极大地影响了渗透效果，这也是传统知识教育的通病。一直以来，思想政治教育工作者也逐渐认识到这一问题，并不断在实践中探索、创新教学新形式，在课堂教学过程中运用图片、音频、影视、动画、虚拟技术等，从视觉、听觉等感染学生，极力改善教育效果。相比以前，已经取得了较大的进步。

新时代，信息技术的深入发展拓展了教育教学方式，学生是受教育的主体，思政教学要围绕着这一主体，有针对性地开展教学。大数据为思想政治教学提供了精准化的改进方向，运用大数据精准分类、快速整合，实现对象的个性定制、精准服务，是新时代思想教学工作的新趋势。搭建教学平台的精准化，一方面在于教学方式的精准化，高校应当顺应时代浪潮，树立用户思维，及时掌握学生群体的需要、个性特点、行为心理等动态变化，创新教学形式手段，实现教学表达与学生需求的协同，提升红色文化渗透的针对性；另一方面，在于渗透内容的精准化，专题式教学、模块教学更能够精准、完整、集中地展示红色文化内容，凸显红色文化精神内涵。高校也可以依托地方红色文化史、校史校情设置特色课程，把红色文化教育活动从思想政治理论课的教学体系中分离出来，形成独立的教学体系，开展独立的教学活动，更加体现红色文化渗透的精准化、专业化。

（三）构建红色文化教学评价体系

要想将红色文化渗透到大学生思政教学中并且落到实处，就要不断完善教学手段、丰富教学内容、改进教学方式。因此，高校要构建专属的红色教学评价机制，通过多方评价，找出现存问题，及时制定解决方案。高校作为指引大学生实现人生理想、实现个人价值的神圣场所，应牢记习近平总书记的殷切希望，不忘初心、牢记使命，聚焦高校现存的问题，全面落实解决方案。因此，高校应建立一套多方评价体系。第一步是高校针对近期教学任务的完成情况的自我评价，第二步是大学生进行反馈评价，第三步是临近的兄弟院校相互评价，第四步是创建合作的校外联动组织进行评价。在红色文化渗透到大学生思政教学的过程中长期坚持并不断完善以自我评价为主，其他各方评价为辅助的效果检验机制，实现科学化、系统化、有效化的传承，并在传承的基础之上不断发展、不断完善。高校应将红色文化贯穿于人才培养的全过程，完善红色育人体系，从前期工作到实践的过程中，再到后期的总结归纳，有一套完整的红色文化教学评价机制，将红色文化渗透到大学生思政教学中并贯彻落实到实处。

首先，高校要开展自我评价，对本校开展的红色文化在大学生思政教学中的渗透工作进行反思，并针对问题及时找到解决办法。建立健全高校的自我评价制度是学校自身发展的需要，体现了高校严谨的办学态度及对红色文化相关工作的重视，是构建现代高校制度的组成部分，是完善思政教学质量保障体系的核心内容。高校的自我评价制度主要根据人才培养目标，围绕教学条件、教学过程、教学效果进行评价，培养应用型人才高度的政治责任感和使命感，高度重视传承红色文化的考核工作。要及时做好工作总结，记录存在的不足，指出今后的改进方向，在弥补不足的过程中不断进行自我革新，从而提升红色文化在大学生思政教学中渗透的时效性。

其次，高校可以开展学生评价，通过访谈法、问卷调查法等方式，让大学生对高校开展的红色文化相关教育活动进行客观的评价，对优点加以肯定，对不足及时改正。大学生是开展教学的主体，对于教学过程的细节最有发言权，其评价最具代表性，构建红色文化学生教学评价机制是高校更好地开展思政教学的重要环节与手段。聆听学生的心声、收取学生的反馈加以总结反思，并及时把握学生的思想动态，科学合理地运用学生评价机制，能够客观准确地掌握学生现阶段的学习成果，促进人才培养工作的进行。

再者，高校可以邀请红色文化传承中的优秀兄弟高校进行学术交流研讨，并对教学效果进行互评，共同促进教学的效果理想化，使评价的结果更具客观性和专业性。高校之间的互评工作必须做实、做细、做深，共同服务学生成长，打造有温度、有态度、有情怀的教育评价机制，引导广大青年学生坚定跟党走、奋进新时代。

最后，还要引入校外联动组织进行校外的第三方评价，注意倾听外部的意见，开拓新思路，努力做好校园文化建设，提高红色文化在高校的传播速度，不断完善构建红色文化的教学评价机制，确保红色文化在大学生思政教学中的渗透工作更科学、更合理，进一步促进工作效率，使当代青年学子的思想境界迈上新台阶。

（四）开展红色文化教学实践活动

1. 参观红色革命基地

高校可以定期组织大学生开展"红色之旅"活动，参观红色革命基地，重温革命时期的峥嵘岁月。例如井冈山大学定期组织学生到井冈山博物馆回顾革命岁月，到老英雄家里听其讲述革命故事；湘潭大学在寒暑假组织学生走访韶山，参观伟人故居，带领大学生参观秋收起义纪念馆，追忆秋收起义的峥嵘岁月。教学实践活动的开展可以增强理论讲解的说服力，让大学生能更真切地感受革命英烈的革命精神。这不仅有利于大学生理解红色文化的内涵，而且能够激发大学生自觉传承和发展红色文化的信心和决心。

2. 开展红色文化调查活动

高校可组织大学生深入社区和乡镇进行"红色文化"相关内容的社会调查，如"红色文化的普及度""红色景观的参观率""红色精神的践行率"等，根据调查内容提出解决问题的意见和建议并形成调研成果。在这个过程中，高校要加强对大学生"红色文化"社会调查的选题、途径、过程的管理和引导，达到大学生开展实践教学主题活动的目标。

3. 利用科技力量开展实践活动

我们可以利用多媒体技术让学生在课前搜集相关的红色学习资料，课上进行小组的分享与讨论，并结合当今社会的热点话题、具体的实际情况，进行师生共同探讨。如若当地的教育资源有限，高校可以利用现代科学技术手段进行虚拟实践教学体系的构建，利用多媒体设备，让学生在课堂上尽可能多地感受到中华民族厚重的历史文化与红色文化的力量。

4.提高学生参与红色文化社会实践的主动性

要想将红色文化更好地渗透到大学生思政教学中，必须在社会实践的过程中突出大学生的主体性，提升他们的参与感，培养他们的自觉性与责任意识，并在社会实践的过程中充分渗透红色文化。红色文化的教育重点在于社会实践，其优势也是社会实践。大学生思想品德的形成和综合素养的提升，只有通过一定的社会实践才能实现。学生是具有独立意义的人，学生只有主动学习、积极参与社会实践、愿意接受红色文化带来的影响、努力理解红色文化的内涵，才能使红色文化渗透到大学生思政教学的过程中，由教师被动地传授转变为学生的主动内化，从而真正提高大学生综合素质，传承好红色文化。此外，大学生的生活丰富多彩，涉及面很广，高校应统一各方面教育影响，凝聚红色文化的力量，提高红色文化在大学生思政教学中渗透的影响力。

二、学校方面

（一）完善校园文化环境

特色化的校园文化平台是补充。在教育方式上，隐性教育虽然不同于能够产生直接的、明显的效果的显性教育，但其对受教育者产生的影响是潜在的、长期的、不可逆的。校园文化环境作为教育教学过程中不可分割的一部分，对受教育者及教育效果存在着重要的影响。搭建特色化的校园平台，旨在通过校园文化建设这种隐性教育方式，努力营造更多样、更渗透、广覆盖的红色文化育人环境。在育人的主渠道、主课堂外，把学生的个性特点和时代要求纳入考量，打造红色文化育人的第二课堂，形成高校红色文化育人的有利环境。

1.举办校园活动

打造精品校园活动，丰富文化建设。充分发挥党团组织、学生组织团体的引导作用，以红色故事、红色人物、红色标签等红色文化元素为依托，可以结合地域特点、校史校情及高校大学生的思想特点，积极将红色文化内容渗透到学生党团活动、校园文化活动中，开展有深度、多特色、广受益的品牌活动，为高校大学生搭建红色文化育人的自我教育平台，促进红色文化育人常态化。

2. 线上宣传

渗透宣传，营造文化育人环境。宣传是校园平台建设的重要连接点。高校可以利用 QQ 群、微信群、微博、微信公众号、App 等线上平台，定期发送红色素材进行宣传；开辟线下红色文化宣传栏放置红色书籍、利用校报阐释红色基因；开设红色广播电台专栏、红色故事读书亭等特色栏目，激发学生学习兴趣。要联通线上线下、校内校外宣传形式，加大红色文化的渗透和影响力度，于无声处培育高校大学生的红色意识。

（二）充分利用校外红色资源

红色文化在大学生思政教学中的渗透应以学校教育为主，但校外教育是学校教育的重要补充，高校应协调各方影响，构建红色文化校内外联动机制，共同促进大学生健康成长，发挥教育合力的积极作用。将红色文化渗透到大学生思政教学中，既要注重校内文化建设，为大学生营造良好的校园文化氛围，又要联合可以互利共赢的校外红色力量，整合各方力量，共同推进红色文化在大学生思政教学中的渗透进程。另外，思政教学不同于其他学科，有其自身存在的特点，红色文化渗透到大学生思政教学的学科建设和教学任务，这一举措决定了高校必须加强学校与地方政府部门的联系，实现两者合作共赢。要充分利用校外红色文化的资源作为高校校内资源的教育补充，加强与地方红色教育基地的合作，在彰显思政教学包容性的同时，为红色文化在大学生思政教学中的渗透提供优质的硬件支持。高校要在精心进行课程设计的前提下，主动联系地方政府部门，并与之合作，选择适合大学生的教育资源，出台相关制度保障，共同培育出有担当的新时代大学生。因此，高校应与地方政府进行校外联动，充分利用当地的红色文化资源，打造红色文化实践教育基地，为红色文化在大学生思政教学中的渗透提供有利条件，为学生的成长保驾护航，要做到以下几点。

首先，高校要充分评估自身的情况，统筹安排开展内外联动，并征求广大师生的看法，充分结合各院系的学科特点和教育需求，依托高校与生俱来的科研优势和教育资源优势与当地红色场馆进行合作，深入研究红色文化，并设计具有针对性的教学活动，开展富有教育价值与社会价值的互动合作。其次，确保每个党支部、团支部都有稳定开展红色文化教育的学习场所。利用社会公益组织或红色基地，丰富校园文化，打通大学生学习红色文化的渠道，拓宽学生的学习视野。不断探索红色文化的物质载体，丰富了红色教育基地，共同为大学生进行灵魂上的洗礼。最后，秉持着共建、共享的合作理念，实现高校和地方红色场所的人才共享、资源共享，双方可以充分发挥资源优势，促使教育效益和社会效益最大化。共同建设红色文化数据库，根据不同的专业，定向培养高层次人才，并为高校毕业生提供就业及实习的机会；另外，共享高素质的教师进行学术研讨及授课，实行优质人才资源互借，为红色文化在大学生思政教学中的渗透拓宽渠道。

（三）建立有力的保障机制

实现红色文化资源在高校思政教学中的有效渗透，制度建构是保障，是至关重要的一环。要想真正把红色文化渗透到高校思政教学中，必然有赖于完善的保障机制，从而规范整个教学过程，营造有利的红色文化教学环境是提高教学效果的关键。一般认为，建立完善的制度保障，主要是从组织保障、制度保障、物质保障三个方面来进行的。

1. 组织保障

坚持党的领导是组织保障。中国特色社会主义制度下，党是领导一切的。将红色文化资源渗透到思政教学工作中绝非简单易行之事，需要有完善的党委领导制度。学校党委应当站在历史高度，对高校思政教学进行根本方向上的引导，通过总体观、系统观来把握需要重点建设的环节、工作，根据实际形势设置目标，加强顶层设计和规划，牵头做好红色文化育人宣传工作、教育工作、保障工作。

2. 制度保障

健全规章制度是制度保障。规章制度作为办事规程和行为标尺，是人们具体实施方案的依据和准则，目的就是保障各项工作按照计划和要求来实行，以达到预期目标。红色文化渗透到高校思政教学中，需要一整套系统的规章制度，来明确育人的主体、流程、方式、责任部门等各项要求，与相关法律法规和教育政策做好衔接。

3. 物质保障

完善物质保障。红色文化在高校思政教学中的渗透不是一项短期任务，而是需要长效实施的工作，需要投入大量的人力、物力、财力和其他资源。高校应当全力保障高校思政教学工作的开展，同时也要加强对红色资源地区的扶持力度，注重红色文化资源的开发与保护，为开展红色文化教育工作解决后顾之忧。

（四）健全专业的人才队伍和研究机制

无论是教育还是研究，主体终究是人，具有高素质的人才队伍是高校红色文化教育的主要力量，包括研究人才和教育人才。只有扩大红色育人师资队伍的构成与范围，才能为红色文化渗透到思政教学中提供不竭的人力资源。各高校应当组建专业的红色文化研究和教育人才队伍，设立专门的研究中心或机构，对口红色文化资源当地，着力提升思政教师素质，丰富红色文化教育素材和资源，实现"三全育人"。

健全红色文化教育人才队伍,不应局限于校内的人力资源,也要充分利用校外其他各方资源,包括社会中专门从事红色资源开发与保护、红色文化教育的一些专家学者,他们积累的大量资料与研究成果能够为高校研究提供重要价值。高校也可以同地方红色文化教育中心联合。

三、教师方面

(一)深度挖掘红色文化元素

高校思政课要借助红色文化教化人心,需要一定鲜活生动的素材作为支撑。那么,作为高校思政课教师,需要深度挖掘红色文化元素。在中国共产党领导下全国人民共同努力产生的红色文化,蕴含着丰富的地区文化元素。对于高校来说,思想政治教育的对象是来自不同地区的学生,学生受各自地区文化的影响,成长背景较复杂,对于红色文化的认识不够全面和深入。所以,高校思政课教师需要通过考察不同地区、使用网络搜索和查询图书馆电子资源的方式来阅读并研究各地区文化的发展史,以此增强对不同地区文化的认识,并且挖掘不同地区文化中蕴含的和红色文化相联系的内容,将两者结合起来,并在思政课上对学生进行讲解,以激发学生的学习热情,让高校学生在学习本地区文化的过程中了解红色文化的内容,接受红色文化教育。

(二)加强对思政课教师的红色文化教育

思政课教师的职业能力与综合素质是影响红色文化在大学生思政教学中渗透的重要因素。首先要加强思政课教师的培训与学习。可以邀请校外专家开展红色专题讲座,参与政治课教研活动。定期组织教师参加红色文化教育培训和进修,参加有关学术活动,提高教育者自身的专业能力,强化教师教学本领。其次,要加强高校之间的沟通与联结,建立合作伙伴关系,通过授课、培训、合作项目等多种形式进行学术讨论和研究,提升教师教学研究能力,推动思政课教师队伍建设发展。最后,教师必须要有正确的政治立场,具备深厚的理论素养。要在思政教学中做红色文化的传播者、示范者和引领者,利用各种手段随时随地对大学生进行思想政治教育。作为一名合格的思想政治教育工作者要具备良好的个人品质、过硬的专业能力、坚定的政治信仰和高度的社会责任感,要树立正确的人生观、世界观和价值观,他们的思想观念、价值选择和道德素养对大学生有重要的引导作用。

（三）增强教师对红色文化的讲授能力

高校思政课教师是联结红色文化和高校大学生的桥梁，而教师的讲授方式将直接影响红色文化渗透的效果。对于高校来说，教育对象具有多元化的特点，受地区、教育不同的影响造成学生的认知发展具有一定的差异，这为教师的讲授能力带来了一定的挑战。为此，高校思政课教师要提高讲授红色文化的能力，主要从以下两方面着手。

1. 将理论知识与实际案例相结合

思政课教师要采取知识与具体案例相结合的讲授模式。空洞而枯燥的知识讲解会让学生产生不愿意学习的心理，导致上课效果较差。所以，思政课教师要将知识与红色革命、建设、改革事迹结合起来，特别是要讲解一些重大成就背后的英雄模范事迹，让高校大学生深刻体会到英雄模范默默无闻为人民服务的精神，进而引导学生。

2. 认真分析学生的学习情况

高校的思政课大多采取的是大班教学，来自不同地区的学生，共同聚集在一起上课，在学习能力、学习兴趣等各方面都会有差异。所以，高校思政课教师不仅要上好课，还要关注学生的情况，根据学生的接受能力采取有针对性的教学。比如可以将班上不同地区的学生进行分类，课下了解学生的学习需求和学习能力，制定适合每一个学生学习的课堂教学内容。

第三章　高校思政教学中中华优秀传统文化的渗透

本章内容为高校思政教学中中华优秀传统文化的渗透，主要从三个方面进行了介绍，分别为中华优秀传统文化概述、中华优秀传统文化的渗透、中华优秀传统文化的渗透路径。

第一节　中华优秀传统文化概述

一、中华优秀传统文化的内涵

中华优秀传统文化是民族的基因命脉，其中的思想观念、行为习惯和价值内涵会改变教育的方式和内容。中国传统文化围绕着儒家、道家、法家、墨家和佛学多种思想体系，构成了复杂多元的社会文化结构，并经过长期的摸索逐渐积淀出民族的价值取向、知识逻辑，时刻对社会个体加以渗透式的影响，形成了特有的民族性格。此外，文化具有双面性，既有精华又夹杂着文化糟粕，现代文化的发展必须要仔细甄别传统文化的优劣。

（一）德教文化

儒、道、佛都在宣扬道德高于一切的德治倾向，坚信德教使人仁善，进而实现治家治国，这种价值取向影响了中华民族传统的文化取向。孔子高赞"道之以德，齐之以礼，有耻且格"（《论语·为政篇》），孟子将"德治"视为"成王"的必要条件，指出"以德服人者，中心悦而诚服也"（《孟子·公孙丑章句上》），荀子认为"道德之威"是治国修身的核心要素，"上好礼义，尚贤使能……故赏不用而民劝，罚不用而民服"（《荀子·君道》），历代的思想家、统治者大多沿袭了这种"德治"文化，重视个人私德和群体公德的培育，成为我国传统文化中比重极大的积极文化因素。

（二）家国文化

传统文化是在家族本位前提下形成的"德治"文化，延伸统治阶级家国同构的宗法制度和伦理道德规范，成为社会关系维系的主要遵循。从"修己以安百姓"（《论语·宪问篇》）到"先天下之忧而忧"（《岳阳楼记》）再到"保天下者，匹夫之贱与有责焉耳矣"（《日知录·卷十三》）都体现了中华民族将家国利益置于顶层，由小我的家族本位发展为以大我为起点的社会本位文化。

（三）文化型人格

基于传统社会小农经济和封建统治的现实基础，中国传统文化过分强调民众对国家、社会群体绝对性的义务，忽视了个人的价值，弱化了人独立的存在地位，使原本就局限于群体本位的个体更加被动，由此形成了"木秀于林，风必摧之"（《运命论》）为代表的求稳型心理人格，服从、中庸成为暗示个体的基本伦理指向。

中国传统文化中蕴含着厚德载物、天下为公、勤劳勇敢等优秀的价值取向，形成了坚韧、无私、忠孝等独特的民族气节并渗透到中华民族的精神血脉之中，塑造了与此相符的"以德主教"的教育理念。思想政治教育也是将立德树人作为总任务，强调个人伦理道德的知识、价值取向和行为选择的引导，实现思想政治教育求真、求善的目标。中华优秀传统文化深刻地影响了思想政治教育的育人立场、内容体系和指导思想。为了更好地研究中华优秀传统文化浸润思想政治教育的过程，我们可以将中华优秀传统文化定义为稳定的中华民族传统意识、平和的心理状态及优秀传统观念的总和。

二、中华优秀传统文化的基本特征

（一）伦理性

中华优秀传统文化有着显著的伦理性特征，伦理道德观念在传统文化中始终处于核心地位，是进行价值判断的依据。历代统治者大力倡扬以人为本的伦理道德观，对此，民众也极为推崇。传统文化崇德尚贤的伦理性特征强调重视人的德行修养，主张人们通过加强自我道德修养，成为具有高尚品质、崇高理想的人。

中华优秀传统文化的一大本色是崇"德"。崇"德"一方面要求加强个人品德修养，以实现自我价值；另一方面则要求将道德作为整个社会、整个文化的立足点。在人伦关系方面，传统文化的崇"德"思想主张人们应加强自我品德修养，践行孝道、侍养亲族、关爱兄弟，做到"爱亲"。处理个人与他人关系时，能推己及人，做到自己不想要的，就不要推给别人，将"爱亲"延伸到"爱众"。政治主张方面，传统文化的崇"德"思想极为推崇"内圣外王"之道，希望统治者用崇高的道德品质治理国家，施"仁政"、行"王道"。在自我修养方面，传统文化极为注重个体自我修养与道德完善，古代贤哲自始至终的理想追求是成为道德上的"完人"，这也是其修身克己、勤奋为学的根本目的。

重伦理、倡道德始终在传统文化中处于核心地位，传统文化将"德"作为整个社会的基础，保障了社会的长久稳定，形成了牢固的家庭关系、融洽的人际关系，在中国"大一统"思想的形成中产生了不可比拟的积极影响。但我们也要看到，这种道德观念强调家主、君王的权威，要求家庭成员和臣民无条件服从，在一定程度上阻碍了民主思想的发生与发展。同时，一味倡导人们遵循道德伦理，导致个人身心需求被漠视、个人权利被忽略，这阻碍了人们创造性、自主性的培养。因此，传统文化的伦理性特征具有双重性。

（二）务实性

中国传统文化是从农业文明中孕育和发展起来的，是名副其实的农业文化。数千年来，中国经济的核心一直是农业，农业在国民经济中始终占据主导地位，中国人民始终坚持日出而作、日落而息，凿井而饮，耕田而食，祖祖辈辈，一年又一年、一日又一日地从事着简单的农业生产。这种简单重复的生产方式使中国人养成了重视农业、注重实际、看重实效的务实精神。这种务实性特征，使中国古代科学成为实用性科学，"广大高明而不离乎日用"。在这种实用性观点的指导下，古代科技取得了长足进步，四大发明是我国实用技术高度发达的体现，此外，医药、数学、人文地理、农学水利等，大多也是和国家生计、人民生活密切相关的。我国实用科学成就高、解决问题能力强，曾遥遥领先于各国，各国科学家对此都叹为观止。可以说，正是这种务实的思想，为传统文化的发展和繁荣奠定了坚实的基础。但我们也必须承认实用主义思想对事物原理和方法的忽视，阻碍了人们思辨理性的发展，延缓了我国自然科学、逻辑学等思辨学科的发展进程。同时，实用主义氛围下人们形成的向往稳定、不求变化的心态在一定程度上也养成了中国人安于现状、不思进取的惰性，导致民族得以生存和发展的蓬勃活力被扼杀。故而，传统文化经世致用的务实性具有双重性。对此，我们应辩证地看待，实事求是。

（三）包容性

"海纳百川，有容乃大"，优秀传统文化是一个开放的系统而非封闭的体系。这种特性使其能充分有效的采撷、吸收外来文化，使不同地域、不同民族间的文化相互贯通、彼此交融、进一步充实了优秀传统文化的内容。优秀传统文化的包容性体现如下。

首先，优秀传统文化的包容性体现为不同民族和不同地域之间的文化渗透。除了黄河流域的文化即中原文化，中国境内还存在众多其他区域的文化，如西域文化、巴蜀文化、吴越文化、楚文化等。

其次，优秀传统文化的包容性体现在对境外不同文化的吸收与消化。秦汉以来，大部分时间中国都是统一的，各民族文化也逐渐融为一体。中华文化不但囊括了诸子百家学说和不同地区汉族文化的精华，也吸纳了周边民族和外国的优秀文明。

数千年来，优秀传统文化正是基于自身的包容性特征，才未被外来文化所瓦解毁坏，始终坚持自己的传统。同时，在吸纳消化外来文化的基础上，增添了自身活力、丰富了自我内涵，不断发展自己，以独有的魅力和坚毅的面貌赫然屹立于世界东方。

三、中华优秀传统文化的时代价值

中华优秀传统文化一直不断地自我革新、自我发展，它通过不停的整合、扬弃、创新，涅槃重生，积淀了最优秀的文化思想的精华，对整个民族进程产生了深远的影响。在社会主义现代化建设的过程中，中华优秀传统文化起着非常重要的作用，至今依然熠熠生辉，闪耀着真理的光芒，不断指引着中华民族向着中国梦不断前进。

（一）助力民族复兴

从改革开放以来，我国在经济上取得了巨大的成就，同时也面临着一些问题。中华优秀传统文化历经几千年依然熠熠生辉，可以为中国的现代化建设提供智慧。首先，中华优秀传统文化的"民本思想"、墨家的"兼爱"思想等为中国的政治建设提供了新的思路。其次，中华优秀传统文化中蕴含着丰富的"和谐"思想。当今时代由于经济的发展也产生了一系列的社会问题，比如不诚信、不道德的事件时有发生，要解决这些问题，中华优秀传统文化中的诚信、仁爱思想则为社会主义和谐社会奠定了基础。最后，中华优秀传统文化中的"仁爱睦邻""四海皆兄弟""和而不同"的思想生动地体现了中国是一个热爱和平的国家，同时为中华民族的复兴起着促进作用。

（二）推动文化强国建设

党的十八大以来，习近平总书记提出要增加文化自信，建设社会主义文化强国，强调"文化自信是更基础、更广泛、更深厚的自信。"[①] 文化是一个民族的精神所在，是人们赖以生存的精神食粮，是一个民族最独特的印记，是一个民族持续发展的

[①] 习近平. 在庆祝中国共产党成立95周年大会上的讲话[EB/OL]. （2021-04-16）[2021-11-23]. http://jhsjk.people.cn/article/32079803.

不竭动力。中华优秀传统文化是中华民族的血液，是中华民族的美丽瑰宝，是实现中华民族伟大复兴的精神动力，是中华儿女的根和魂。首先，从历史进程来看，在中华民族五千多年的历史长河中，中华优秀传统文化记录了中华民族光辉的发展史，在近代以前，中华民族一直是世界上较为发达、繁荣的，而且中华文明从未间断过，这是历史的奇迹，也是世界的奇迹，给中华民族乃至整个世界留下了最宝贵的精神财富。其次，从中华优秀传统文化的内容上来看，中华优秀传统文化博大精深、浩如烟海，其中很多思想在今天依然闪耀着真理的光芒。例如诗词歌赋和书法艺术、医学典籍、天文历法、农业书籍等，其中蕴含着中华民族广大劳动人民的精神智慧，体现了中华民族最独特的魅力。中华优秀传统文化历经几千年，经久不衰，这其中必有其道理。新时代党和国家非常重视中华优秀传统文化的发展，这对于我们增强文化自信、推动文化强国建设具有重大的现实意义。

四、中华优秀传统文化与思想政治教育的共通之处

（一）价值观方面

中华优秀传统文化与思想政治教育在价值观层面是高度契合的。社会主义核心价值观由社会主义核心价值体系淬炼而成，是提升国家文化软实力的主流部分，因此，也是大学生思想政治教育工作的重中之重。社会主义核心价值观具有科学性、民族性、时代性和开放性特点，针对国家、社会、公民三个层面提出了更具体、生动的要求，主要内容涵盖富强、民主、文明、和谐、自由、平等、公正、法治、爱国、敬业、诚信、友善，为高校开展思想政治教育工作提供了理论遵循和工作导向。中华优秀传统文化历经五千多年的风雨洗礼，凝结着中华儿女的智慧结晶和中华大地的风貌特色，它包含着自强不息、厚德载物、崇德善仁、谦逊礼让等适应当下社会发展的价值内涵，是增强文化自觉、树立文化自信的理论源泉之一，更是滋养社会主义核心价值观的沃土。反之，以内容结构为出发点也能够发现中华优秀传统文化的本质核心就是价值观。两者在价值观层面可谓契合，但是也不能盲目地认为中国传统文化中提及的一切思想观念都是契合于社会主义核心价值观的。因此，需要我们秉持着扬弃的态度科学转化和发展，赓续中国传统文化中的优秀文化基因和精神血脉。

（二）育人目标方面

中华优秀传统文化与思想政治教育在育人目标和目标属性上是相似的。在育人目标层面，思想政治教育是通过物质、精神等载体向受教育者灌输正确的、主流的、适应社会发展的意识形态，从而提升人们的思想道德水平，引导人们树立

坚定的、符合社会主义道路发展的理想信念，从而做出正确的行为，达到统治阶级的要求。中国传统文化是典型的伦理道德文化，孔子倡导以"仁"为核心，先义后利，道德原则第一性，倡导人们都应遵循社会规范和礼仪，注重人与人之间的和谐交往和人格平等，也凸显出传统文化中对人们伦理道德层面的高度要求。因此，两者在育人目标上具有高度的一致性，都以思想道德素质的提升和内化为落脚点。在目标属性方面，思想政治教育的根本目标是促进人的全面发展和共产主义的实现，具有鲜明的政治性；而中国传统文化中重视个人、社会和国家的统一，"修身、齐家、治国、平天下"的观点恰恰体现出中国传统文化的政治色彩。综上来说，中华优秀传统文化与思想政治教育无论是在育人目标层面还是目标属性层面，都具有高度一致性，旨在为国家培养政治素养高、道德修养强、综合素质优的社会主义人才。

（三）教育内容方面

中华优秀传统文化与思想政治教育在教育内容层面的契合体现在以下两方面。一方面是政治角度的切合，也就是传统文化中的"大同思想"与思想政治教育目标中共产主义理想实现的切合。"大道之行也，天下为公"（《礼记·礼运》）为我们描绘了一个人人平等、幸福极乐的大同盛世，这种"大同思想"与思想政治教育中的马克思主义的共产主义理想极为切合，并且这种"大同思想"还为当下人类命运共同体理念的建设和发展奠定了逻辑起点和理论基础，升华了理想与现实的统一。另一方面是辩证法角度的切合，思想政治教育的主体内容与中华优秀传统文化是息息相通的。比如世界观教育中都坚持唯物主义的观点，政治观教育中以爱国主义为核心，这与传统文化中"天下兴亡、匹夫有责"（《日知录·正始》）的传承发扬是密不可分的；人生观教育重视理想信念的树立和艰苦奋斗精神的培养，对应了传统文化中的"明于庶物，察于人伦"（《孟子·离娄章句下》）和"自强不息"；法治观教育中都围绕当下国情，道德观教育中包括家庭美德、职业道德、社会公德、共产主义道德，那么"仁爱"一直是儒家文化的核心观点，我们今天经常提及的尊老爱幼、邻里互助都是由儒家文化发展而来。因此，思想政治教育与中华优秀传统文化的主体内容是相切合的。

第二节 中华优秀传统文化的渗透

一、中华优秀传统文化渗透的理论基础

（一）马克思主义经典作家关于文化的理论

在马克思主义中有非常多的关于实践的思想，他非常重视实践，强调了实践的重要性。人们对社会的认识和改造是一种自觉的、有目的的实践，一方面要证明自己是类存在物，另一方面，它也外化了人们的生活。实践有着极其重要的作用。它是人与自然物质交换的纽带和媒介。同时，它也极大地促进了人与人之间的交往。正因于此，在改造社会的实践中，人类发现了自己对构建人类社会的认识和能力，也创造了非常多的文化产品。发展文化的根本目的是实现人的自由而全面的发展，马克思指出人的本质"在其现实性上，它是一切社会关系的总和"[①]。

（二）思想政治教育以文化人理论

思想政治教育以文化人理论是强化思想政治教育工作的重要理论基础。思想政治教育以文化人是指教育者在教育过程中，以符合社会发展方向的先进文化为思想政治教育的内容，对教育对象采用一定的文化载体和方式而进行的教育活动，帮助教育对象接受和养成符合社会需要的思想道德和行为规范。习近平总书记指出，"育新人，就是要坚持立德树人、以文化人"[②]，强调文化对加强思想政治教育的重要性。进入新时代，思想政治教育视域下的以文化人内涵，在于传承发展优秀传统文化，在马克思主义的指导之下，结合社会发展要求，增强教育对象的文化认同感。

中华优秀传统文化为高校思想政治教育以文化人提供理论源泉。文化滋养心灵，文化涵育德行，文化引领风尚。要注重文化浸润、感染、熏陶。文化的化人功能具有潜移默化的优势，能加强高校思想政治教育工作的感染力，从而提升教学质量。习近平总书记将中华优秀传统文化比喻成"好教材"，是对大学生进行思想道德教育的"好教材"，是社会主义核心价值观的重要思想资源，要"努力用中华民族创造的一切精神财富来以文化人、以文育人"[③]。教育工作者要灵活运

[①] 中共中央马克思恩格斯列宁斯大林著作编译局. 马克思恩格斯文集 [M]. 北京：人民出版社, 2009.
[②] 习近平：举旗帜只聚民心育新人兴文化展形象 更好完成新形势下宣传思想工作使命任务 [N]. 人民日报, 2018-08-23（01）.
[③] 习近平：把培育和弘扬社会主义核心价值观作为凝魂聚气强基固本的基础工程 [N]. 人民日报, 2014-02-26（01）.

用这本"好教材",充分利用好其中包含的丰富教育资源,通过渗透教育的方法大力推进思想政治工作,提高教育对象的综合素质。在以文化人思想的引领下,教育者要注重大学生人格的养成,塑造大学生人文情怀,旨在培养集思想、道德、知识为一体的全面发展的人才,使以文化人与以德育人得到充分结合,将高校立德树人的目标实现延伸到中华优秀传统文化的育人现象之中,做到"知"与"行"相统一。

思想政治教育以文化人理论促进了中华优秀传统文化在高校思政教学中的有效渗透。教育工作者在以文化人的理论指导下,以立足于高校思想政治教育为基础,着重探求中华优秀传统文化创造性继承与创造性转化的客观规律,通过适合大学生文化需求的优秀传统文化资源开展思政教学,逐步实现立德树人任务。高校在教学工作中要强调思想政治教育的文化价值属性,引导教育者在教学中遵循文化育人的规律,并注重阐明文化育人对思政教学引导的重要作用,进一步探寻文化渗透的创新路径。

(三)马克思主义中国化的文化理论

1. 毛泽东关于传统文化的思想

毛泽东在其著作中始终把中华优秀传统文化放在重要的位置,所以他对此进行了详细深入的研究,同时结合我国国情,总结出许多有益的思想观点。通过深入的分析研究,我们可以发现毛泽东对传统文化持科学辩证的态度。具体表现为:第一,"古为今用",即在批判的基础上不断继承,传统文化中既有积极因素,也有消极因素,要继承和发扬那些有用的、科学的东西,长期混乱的,要妥善整理,对即将被遗忘的东西要适时恰当挖掘,精髓要不断完善,对腐朽陈旧的东西,要对其进行肃清;第二,保持民族的特色,他也曾明确表示,我国应当将旧面貌彻底改变,值得注意的一个问题是,在摒弃文化糟粕、创造新文化时应当保存我国的特点[1],我们决不能失去对创新的追求。不管是什么时代,我们都不应该抛弃它的精华,必须保持自己的民族特色。

2. 邓小平关于传统文化的思想

邓小平一生非常关注中华优秀传统文化,他结合我国国情,对此进行了详细深入的探讨,总结出了许多有益的思想观念。

(1) 确立对待传统文化的原则

通过对邓小平的思想的深入分析,可以看出邓小平的思想主要包括以下几个方面:一是继承毛泽东思想的精髓,在社会主义建设时期,他认真研究了中国的

---

[1] 中共中央文献研究室. 毛泽东文集 [M]. 北京:人民出版社,2009.

传统文化，认为它有很大的作用，倡导国家对其精华内容进行大力弘扬，而且他对爱国主义思想的教育也十分重视；第二，改变迂腐的观念，他一方面强调积极传承和弘扬有价值的内容，在另外一方面，也对积极改变迂腐的思想提出了明确的要求。

（2）批判继承传统文化的重要作用

首先，批判继承传统文化是社会主义现代化建设的要求。邓小平通过深入分析中华人民共和国成立后的实际国情，总结出我国在发展过程中的经验和教训，他指出我国现代化建设的主要任务是发展经济，以经济的发展为中心，大力解放生产力，现代化建设会对国家的发展起到很大的作用，是人民的利益所在。其次，中国需要走向世界，我们应该批判传统文化中的不良部分，继承传统文化的精髓，积极吸收国外的高科技、好的管理模式和理念。今后一定要积极吸纳人类社会的所有文明成果（包括国外的）[1]，一方面涉及我们自己优秀的传统文化，另一方面，也涉及国外的各种文化资源，这样一来，我们既可以继承和发展优秀传统文化，又学习了国外先进的文化，为中华民族的崛起奠定了坚实的文化基础。

3. 习近平总书记关于传统文化的论述

（1）系统论述传统文化的价值

习近平总书记系统论述了传统文化的价值，主要体现在以下几个方面。一是能够更加坚定不移地走中国特色社会主义道路。这是因为，中华文明中拥有大量的内容，能够极大地推动我国的发展。根据我国传统文化的特点，同时结合我国的具体国情，我国必须走中国特色社会主义道路。二是对于提高全民族的道德素质有着非常重大的意义。首先，领导干部作为各项事业的管理者，在国家各项事业中发挥着不可替代的作用。习近平总书记非常明确地指出对于领导干部的队伍建设的工作，应该着重把握对优秀传统文化的学习，以使其成为解决问题的一种行之有效的方法，同时在很多场合多次强调各级领导干部要重视学习优秀传统文化，从中汲取作为一个优秀领导干部必须具备的人格道德素养和领导管理智慧。[2] 同时，他也指出，我们要积极地探究相关方面的论文研究成果，学习治国理政方面的良好的智慧。

（2）正确对待传统文化的方法

习近平总书记就如何对待中国传统文化问题进行了解读。他通过对相关论述的深入总结，主要概括了以下几个方面。一是根据目前我国的实际国情，结合经济发展的需要，对待中华传统文化要用辩证的眼光去看待，做到"取其精华、去

---

[1] 邓小平. 邓小平文选 [M]. 北京：人民出版社，1994.
[2] 董根洪. 弘扬中华优秀传统文化 [N]. 浙江日报，2013-11-29（014）.

其糟粕"。中华传统文化博大精深，其中包含了很多先进的思想，当然也有一部分落后的内容。因此，一方面，我们不应盲目照搬；另一方面，我们也不能过分重视古代的文化而轻视现在的文化。二是要加强对传统文化的学习和研究。要想更切实可行地继承和发扬我国传统文化，必须要积极学习和研究。三是对相关内容的普及教育。习近平总书记对我国的教育事业十分关注，提出了很多建设性的建议和意见，对促进高等教育发展起到了深远的影响。

二、中华优秀传统文化在思政教学中的渗透意义

（一）提高了学生对马克思主义的认同

马克思主义（广义，包括马克思主义中国化的理论成果）是我们立党立国的根本指导思想。马克思主义的科学世界观和方法论，成就了我们党的坚强领导，指引中国人民摆脱了封建压迫和列强凌掠，奏响了"站起来""富起来""强起来"的三部曲。马克思主义不仅是我们执政党机体中的"钙"，也是亿万人民群众思想中的"魂"，是团结全党、全国人民为实现中华民族伟大复兴而奋斗的行动指南。当代大学生是中华民族伟大复兴实践的核心主体，心中不能缺失马克思主义这一照亮伟大征程的火炬。马克思主义告诉我们，人类社会向前发展会越来越美好，但需要群众的社会实践来推动，需要合理的社会制度来保障人人享有发展成果，需要优秀的文化精神起激励和支撑作用。社会文明进步的主体是人民。大学生在心中确立了马克思主义理想信念，就不容易沉迷于私利追逐，而把人民放在心上；就会乐于奋斗和勇于创新，用出彩的人生支撑民族梦想的实现。

高校思政课是马克思主义理想信念教育的主渠道，但马克思主义理论本身太过宏大与遥远，教学模式传统单调，与伴随生动视频长大的当今大学生的诉求存在一定差距，所以思政课的教学效果并不理想。将中华优秀传统文化渗透到高校思政课中，在课堂教学和实践教学中，借助中华优秀传统文化的深厚思想底蕴，以丰富灵动的形式，使马克思主义抽象理论具有新鲜活泼的、为中国老百姓所喜闻乐见的中国作风与中国气派，从而更能引起大学生的共鸣，有助于大学生更好地理解、接受马克思主义，对提高思政课教学实效性也具有重要意义。

（二）提高了学生对社会主义核心价值观的认同

社会主义核心价值观是中国特色社会主义的文化内核和身份标识，对内起着引领价值目标、凝聚全国人民意志和力量的作用，对外起着宣示中国社会主义价值特色和中国现代化文化特色的作用。社会主义核心价值体系也是引领当代大学生成长成才的根本指针，大学生只有认同和践行社会主义核心价值观，用崇高理

想引导个人奋斗，弘扬民族精神报效祖国和人民，才能抵御个人主义、自由主义思想对大学生的侵扰，才能助其健康成长为社会主义建设的有用之人。

"富强、民主、文明、和谐、自由、平等、公正、法治、爱国、敬业、诚信、友善"的核心价值观，不仅贯穿了马克思主义的基本立场、观点和方法，而且蕴含着深厚的中华优秀传统文化精神，"讲仁爱、重民本、守诚信、崇正义、尚和合、求大同"就是社会主义核心价值观的基础和立足点。高校思政课充分汲取传统文化中的道德资源，帮助大学生更好地理解、认同、内化、践行社会主义核心价值观。如引用"仁者爱人"（《孟子·离娄章句下》）"舍生取义"（《孟子·告子章句上》）等道德箴言，规范和鞭策大学生的道德修养；引用范仲淹忧乐天下、岳飞精忠报国等典范故事，激发大学生的爱国情怀和报国实践；等等。

（三）增强了大学生的民族文化自信

文化是一个国家、一个民族的灵魂，是国家和民族兴旺发达的缩影和写照。中华民族的伟大复兴，离不开文化的自觉、自信和自强。但当代大学生传统文化底蕴浅薄，又成长于各种文化交流冲突的时代，很多人存在对不良思潮片面理解和盲目崇拜，而对中国特色社会主义先进文化则关注度不够，整体表现为文化自信心不足。

坚定中国特色社会主义文化自信，就要夯实中华优秀传统文化根基。只有坚持从历史走向未来，从延续民族文化血脉中开拓前进，我们才能做好今天的事业。因此，教师要承担起将中华优秀传统文化渗透到高校思政课中这一重要使命，通过思政课理论教学，深入挖掘中华优秀传统思想，彰显其时代价值和比较优势，从而增强大学生的民族文化信心；通过思政课实践教学如志愿服务、社会调查等，展示中华优秀传统文化魅力，坚定大学生的民族价值信念，从而为延续中华优秀传统文化特质、增进大学生文化自信筑牢精神基石。

三、中华优秀传统文化在思政教学中的渗透困境

当前，我国大部分高校都意识到将优秀传统文化渗透到思政课中的必要性，一些高校及教师也在对此进行不断探索和实践。但是在实践过程中遇到了一些实际的困难和问题，这些困难和问题影响着优秀传统文化在思政课中的渗透，也影响着当前高校思政课的教学效果。总的来说，当前优秀传统文化在高校思政课教学中的渗透困境主要表现在以下几个方面。

（一）学生方面

长期以来，虽然大学生在中小学时期接受过传统文化知识的教育，但不系统、

不全面，传统文化素养普遍不高。随着经济社会全球化进程的加快，西方文化和意识形态不断渗透，导致部分大学生青睐西方文化，忽视中国传统文化。甚至部分学生对西方文化推崇备至，却对中国传统唐诗宋词缺乏鉴赏能力；对西方节日津津乐道，却忘了中国传统的清明节、端午节。再加上我国经济社会的快速发展，使得部分学生注重应用知识和技能的培养，却忽视了文化素养的提高，功利化思想严重。这些都导致了大学生传统文化知识的匮乏，在课堂上常常会出现学生无法理解老师教学内容的现象，影响了优秀传统文化在思政课教学中的渗透。

（二）师资方面

作为思政课教师，如果不具备良好的传统文化素养，就不可能成为一名能结合中国传统文化讲马克思主义基本原理的好教师。我国历史上率先接受马克思主义的知识分子都有着深厚的传统文化功底，他们往往从传统文化的角度出发，理解和接受马克思主义。随着社会的发展，传统文化曾经一度遭受批判和弱化，许多从事思政研究和教学的教师的传统文化功底也变得薄弱。这就出现了高校思政课教师虽然马克思主义理论素质过硬，而传统文化知识方面欠缺的现象。教师在课堂上不会运用优秀传统文化，甚至出现生搬硬套、牵强附会等现象，影响了两者的有效融合。

（三）课程方面

近年来，优秀传统文化在思政课中的渗透取得了一定的成效。但从总体上看，两者还没有实现有效衔接。一是表现在没有系统的教材。现有的教材中关于传统文化方面的内容比较零散，不规范、不系统，有的地方还有重复，这使渗透的效果大打折扣，给实际操作也造成了困难。二是课堂教学要求参差不齐。有的高校比较重视，并且思政教学部门有统一的要求和规范；而有的高校还只是停留在领导口头重视的阶段，课堂教学全凭教师个人的教学喜好选择教学内容，更没有做深入系统的研究，导致传统文化在思政课中的渗透处于一种自由发展的状态。三是实践环节的疏忽。思政课的实践环节长期以来没有得到应有的重视，而优秀传统文化要想较好地渗透到思政课中，更加需要重视实践环节。当前高校思政教学大部分还是理论讲解和灌输，学生的体验教学少、亲身实践少，仅有的少量实践课时也没有被很好地利用。

四、传统茶文化在高校思政教学中的渗透

（一）茶文化的内涵

茶文化在我国已经有了上千年的历史，在走过了漫长的发展之路后，其仍然长盛不衰。即便是在科技飞速发展的现代社会，茶文化仍以其独有的思想内涵，获得了进一步的发展。从茶文化的发展过程中，我们可以感受到，它既能够为人们创造物质财富，又能够带给人们不一样的精神享受。因此，要想将茶文化传承下来，并让其获得更好的发展，就需要从物质和精神两个层面上对其进行分析，并通过创新使其一代一代传承下去。

茶文化可以分为广义和狭义两个层面。从广义上讲，茶文化是人们在生活实践及自然科学中探索出来的一种新的文化形式，通过这一文化形式能够为人们带来很大的财富。从狭义方面讲，茶文化是指在历史发展过程中其产生的独有的精神财富。茶文化是以茶作为文化载体，并将各种思想文化渗透其中，让人们从中形成精神上的信仰。从茶叶采摘、制作，再到后期的沏茶、赏茶、闻茶、饮茶及品茶，虽然都是生活中常见的事情，但整个过程中无处不体现出它所具有的文化内涵，能够让人们从茶文化中感受到静谧与和谐。在社会飞速发展的今天，人们在享受经济发展带来的物质享受的同时，也开始关注生活质量，希望可以在快节奏生活中，为自己留有片刻的思考时间，从中体会人生如品茶，需要慢慢品味人生的喜怒哀乐与五味杂陈。

（二）茶文化在思政教学中的作用

1. 营造了和谐氛围

传统的茶文化与中国时代精神相结合，产生出清、静、雅、和的茶文化理念。这其中的"和"字对于当今社会的竞争意义深远，特别是对于世界观、人生观和价值观正在逐渐形成过程中的大学生来说，对其如何看待竞争、如何形成良性竞争更是意义重大。和谐的理念注重人与人、人与自然的和谐相处，在大学生思政课程中，学生通过对茶文化的学习，对"和谐"二字有了更为形象的认识和理解，通过品味茶文化中"和"的深厚意蕴，消除学生竞争中的浮躁之气，与他人建立和谐稳定的人际关系，对他们在集体观念的养成、个人主义的克服，为社会、为他人服务意识的培养方面起到积极引导作用。同时，营造出一种和谐的学习和生活氛围，让学生意识到良性竞争的重要意义，有助于学生的身心健康。

2. 培养学生审美能力

茶文化课程要引导学生学会判断、甄别举止之美，形成正确的、健康的、理

性的审美价值观。思政课程中渗透茶文化相关训练,学生可以观察他人和自身在动作、姿态和气质方面表现出来的形体美,在潜意识中培养自身对美的感知、鉴别和欣赏能力,从而提升自身的审美能力和艺术修养。在日积月累从量变到质变的学习接受过程中,受到潜移默化的影响,激发自身潜在的形态美空间,充分感悟和发现思政课程内容中茶文化的美,获得良好的审美经验。

3. 有利于学生礼仪教育

立德树人是目前教育的根本任务。古人云:"礼者禁于将然之前,而法者禁于已然之后。是故法之所用易见,而礼之所为生难知也。"(《治安策》)相对于法律来说,礼仪和道德更有利于社会个体的全面发展,二者更能丰富人的精神世界。由此可见,礼仪和道德的关系的密切程度。可以说道德是礼仪的基础,礼仪是道德的一种外在表现形式。当今礼仪教育在大学生思想政治教育方面涉及较少,学校开设礼仪方面的选修课程,可以成为学生获取礼仪知识的有效途径,但是作为选修课程不能满足全部学生的有效需求。茶文化中的礼仪教育元素诸如泡茶、斟茶、品茶和添茶等都有礼仪规范,如若将其引入思政课教学正好可以填补这一空白。让学生在接受茶文化的礼仪教育后增强学生对礼仪知识的理解和践行,提高人际交往能力和个人自制力,为良好德行的确立打下坚实的基础。

4. 有利于学生的内省修身

中国茶文化是广泛吸收了儒、道、佛三家的哲学思想而形成的对人生特有的感悟,可以帮助人们净化心灵,提升人的精神境界,这与中国传统文化"内省修行"的思想有着异曲同工之处。在思政教学中要结合茶文化中对人的思想境界的有效提升,启发学生主动向内思考,勤于自省,时常审视自己在个人德行、人生目标和方向、与他人关系等方面存在的优点、缺点。坚持和强化良好的行为习惯和道德操守,对自我不满意或有违社会道德准则的方面要坚决予以改正。不论是在学习中,还是在日常生活中,大学生要坚持让自省成为一种人生习惯,在不断地自我反思、自我调控中达到自我教育。

5. 促进学生心理健康水平

思政课程中渗透茶文化,涉及茶艺、茶礼等内容,这些要求学生敢于突破自身心理障碍,在他人面前展现自己,有利于提高学生的心理健康水平、提升其从事服务工作的职业心理素质。同时,在学习过程中学生能够看到自己在形体、造型和气质方面的提升,增强在人际交往方面的自信,提高艺术素养和行业素养,进而为学生初入社会建桥铺路,提升学生的就业竞争力。

6. 帮助学生树立正确价值观

把中华优秀传统文化中的茶文化渗透到高校学生的生活、学习等各个层面，就成了学生生活的一个重要组成部分，形成人人自觉地传承和发扬优良传统文化的一种鲜明的状态，大学生就会自觉地参与到保护、普及和促进优秀传统文化中。茶文化讲究陶冶人的情操，培养"廉、美、俭、洁"的精神实质，优秀的传统文化只有在大众中传播，才能发挥作用。文化的发展只能靠创新，而发展则是生存，而且，这也是一种创新的传承方式。高校把中国优秀茶文化与思政教学相结合，通过正确的引导，可以帮助学生树立正确的价值观。如果学生受到外界不良因素的干扰，很容易出现情感认知的偏差，形成不良的社会观念。通过对学生进行茶文化的教育，能够使学生在优秀传统文化中受益匪浅，使学生正视社会责任、道德品质、金钱观念，促进学生养成社会主义核心价值观。

7. 有利于弘扬中国传统文化

茶文化发展历史悠久，蕴藏着丰富多样的人文历史。并且，茶文化的发展与弘扬，是我国传统特色文化的关键体现。但是，现阶段很多大学生对我国茶文化底蕴和内涵了解甚少，而且鲜少有学生会主动搜索与茶文化有关的信息。伴随茶文化在世界领域的推广，我国作为其发源地，借助高校思政课程弘扬宣传中国传统文化，就显得尤为重要。将茶文化渗透到思政课程中，不仅能有效提升高校学生对我国优秀传统文化的全面了解和认知，而且还能进一步调动学生学习中华文化的积极性和主观性，使高校学生形成学习并弘扬传统文化的正确观念，从而推动我国优秀传统文化更好的发展与传承。

8. 有利于丰富学生文化生活

众所周知，学校是学生学习知识、研究科学的关键场所，而校园文化是高校的重要组成部分，能对学生产生巨大的影响。因此，为高校学生打造和谐友善的校园文化氛围十分重要。将茶文化渗透到思政课程中，构建相关社团，传播与茶文化有关的各种知识，举办茶艺表演，丰富学生校园文化生活，并通过实践活动在不知不觉中培育学生的道德情操，提高学生的思想境界。国家领导人曾经在相关会议中明确提出，要做好文化育人，重视校园文化建设，开展各式各样的校园文化活动。故而，将中华茶文化渗透到思政课程教育中，组织茶文化教育活动，是加强高校校园文化建设的关键举措，不但能够提升高校学生对我国传统茶文化实质的了解和掌握，而且还可提高学生的文化修养，使其发展成为国家发展建设所需的优质人才。

9. 帮助学生提高思想道德水平

随着人们生活节奏的加快,很多学生深受资本主义的影响,存在盲目消费、超前消费、不理智追星等各种不良行为,甚至有很多高校学生瞒着父母"打赏"主播、为游戏充值、为喜欢的明星打投,这些不良行为严重超出了学生的能力范围。目前,高校学生对金钱价值观念认知模糊,没有树立正确的思想价值观念。茶文化讲究净化风气,崇尚"礼、清、儒、雅"的价值观,通过茶文化的引导,可以在思想政治教育的过程中,让学生逐步感受茶文化中蕴含的深意,使学生受到正向的引导和鼓舞,懂得勤奋、努力和刻苦,养成良好的思想道德素质,提高学生的文化修养,从而净化校园风气。

10. 增强学生的民族自豪感、自信心

制茶、饮茶最早起源于中国,这是不争的事实,在历史中逐渐形成并不断升华的茶文化已成为中国传统文化中的一颗璀璨明珠,她闪烁的耀眼光芒同样照射到其他的国家,使中国茶文化成为世界上许多国家茶文化的摇篮。英国、日本、韩国、俄罗斯及摩洛哥的茶文化都是对中国传统茶文化的学习和借鉴,是中国的茶文化与这些国家的历史文化、风土人情等融合结出的丰硕果实。这一点是对中国传统文化的灿烂文明最有力的诠释。作为源头和摇篮的茶文化融入大学生思想政治教育,能增强学生对中国传统文化极强的文化自信和文化自觉,并进一步激发学生对中国传统文化强烈的认同感和巨大的文化自豪感。在当今国际社会各种思想文化激烈碰撞的当下,高校作为学生思想政治教育工作的重要领地,必须善于识别和坚决抵制不良文化对学生思想的侵袭,以茶文化为代表的中华优秀传统文化,在思政教学中的渗透可以充分滋养学生内心,帮助学生树立强大的文化自信,有助于学生自觉践行社会主义核心价值观。

(三)茶文化在思政教学中的渗透原则

1. 柔性原则

坚持柔性原则,既坚持传统的灌输式教学,也注意在对大学生进行茶文化教育时,应该在潜移默化中引导学生,以激发学生的主观兴趣为重要参考,从多个方面感染学生,正向激励学生。通过茶文化的独特魅力影响学生的精神世界,不断净化学生的心灵,实现由最开始的价值判断向价值选择过渡。另外,尊重大学生群体在思政课中表现出的个性特征。大学生一般对新事物具有较强的好奇性,利用这一特点,应该主动采取不同形式的茶文化教育吸引大学生,只有让茶文化成为大学生关心的课堂内容,才能保持大学生对思政课、茶文化的积极性。

2. 渗透性原则

坚持渗透性原则，要从细微之处着手，不断走进大学生的内心世界。因为在进行思政课教学之前，大学生就已经对外界的信息有了一定的感性认识，并形成了一定的认知体系。因此，在开展茶文化思政课教学中，应该由表及里地促进其主流意识形态思想的形成，不断消解其消极的认识，促成正能量认识的生成。除了在课堂传授知识外，必须将思想政治教育融入日常生活中，坚持"三全育人"，即全员育人、全过程育人、全方位育人，增强协同育人成效，应该像茶道中为保持茶水的恒温而不断添水一样，在多方面持续巩固大学生思政课所学的知识。

（四）茶文化在思政教学中的应用

1. 茶文化在师资团队建设上的应用

长期以来，各大院校思政教育工作人员对中华文化传播弘扬缺少应有重视，教师身为学生发展道路上的重要引导者，在对其思政道德与素养培育上扮演着重要角色。但是，由于国内和茶有关的专业一般开设在农林学校和专科院校，使得各学校茶文化渗透存在极大差距。而且，研究茶文化的专业教师一般集中在开设茶文化课程的学校，如医科院校设置药茶学科，这种院校茶文化专业教师配备强大，但是其他学校与其有关的师资力量则十分薄弱，多数教师均需要利用自学实施茶文化教育，致使教育成效差强人意。基于此种情况，加强茶文化专业教师团队建设就显得十分重要。众所周知，辅导员和学生接触密切，因此高校在聘用与培养辅导员时，要将与茶文化有关的内容纳入培育体系中，利用辅导员协助学生形成正确思想观念。将茶文化和思政课程有机结合，有利于完善教师知识架构，扩展其知识眼界，只有教师加强对茶文化的了解和重视，才能使学生更好地学习茶文化，从而规范学生自身观念与行为。

2. 茶文化在思政课教材上的应用

思政课教材是思政课教学的重要依托，必须充分认识思政课教材的重要作用，教材内容必须做到与时俱进，把教材体系转变成教学体系，进而由教学体系向价值判断与行为选择体系转变。因此，在保证思想政治教育大纲要求内容不变的前提下，应该在教材中增加与所讲内容密切相关的茶文化。以《思想道德与法治》《中国近现代史纲要》《毛泽东思想和中国特色社会主义理论体系概论》这三本教材为改革对象。比如在《思想道德与法治》教材中，着重讲授茶文化中的养心健身的功效，运用茶文化中的养身之道，唤醒大学生强身健体的意识。在《中国近现代史纲要》教材中，对于进出口货物图表的展现形式，加入茶叶，将其作为经济指标的参考之一，让大学生认识到中国近代贸易顺差逆差的转变，进一步体会在西方列强的侵略下，近代中国的屈辱，从而激发大学生的爱国之情。在《毛泽东思想和中国特色社会主义理论体系概论》教材中，在树立生态文明理念章节，通过多媒体技术和学生现场品茶的手段，让大学生感受茶文化种植、采摘、品尝的整个流程中，人与自然的和谐共生。从茶文化中感受生态文明思想的逻辑建构与时代价值，再运用一些生动的事例加以填补，将茶文化渗透到思政课教学的内容中。

3. 茶文化在思政教学形式上的应用

（1）在实践教学上的应用

随着现代社会不断发展和教育改革的持续推进，对高校思政教育提出更为严格的要求，要求思政课教师根据学生的思想动态，运用丰富多样的思政理论和教学手段，组织各种思政实践教学活动。在思政实践教学活动开展中，将中华茶文化和其相关理念融入其中，可有效提升实践教学的实用性。比如思政课教师可根据开展茶文化相关知识讲解、茶叶制作与茶艺表演等活动，引导高校学生根据思政实践，加强对茶文化的了解，体会茶文化的深奥与博大精深，进而对高校学生形成潜移默化的影响，提升他们的道德品质与综合素养。思政课教师要注重将中华茶文化与校园文化建设相结合，引导学生创建茶文化社团，让中华茶文化变成校园文化的关键构成部分，从而全面发挥中华茶文化在高校学生思政实践教学中具有的德育效能。在茶文化的影响熏陶下，高校学生能了解茶文化内涵、体会茶文化精神，襟怀坦白、开拓进取，成为现代社会发展建设所需的综合型人才。

（2）创新教学形式

为了使中华茶文化和高校思政课程教育实现完美融合，思政课教师必须真正领悟茶文化内涵和价值意蕴，运用现代教学手段革新思政课程教学形式，提升思政教学质量和成效。

第一，思政课教师可借助电子设备，向高校学生呈现和茶文化有关的各种影像视频，激发学生学习我国茶文化的热情和主动性，利用这种喜闻乐见的教学手段，引导高校学生体会茶文化蕴藏的精神内涵。为了有效提升高校学生对中华茶文化的认知和了解，在以茶文化为依托展开教育时，还要组织学生对与茶文化有关的话题展开深入交流，畅所欲言，加强高校学生对传统优质茶文化的领悟。

第二，伴随现代网络技术的日益发展，互联网和新媒体已成为高校思政课程教学不可缺少的方法，思政课教师要将新媒体和思政课程教学相结合，充分发挥互联网和新媒体的优势与作用，并使此种网络平台成为弘扬我国茶文化的关键载体。譬如思政课教师可运用微博、快手、绿洲等现代媒体平台向现代学生传递茶文化的发展历史、起源、背景、诗歌与典型故事，让高校学生在空闲之余还可受到茶文化的感染和熏陶，并利用网络平台和学生以茶文化为主题展开及时沟通，从而协助高校学生群体树立正确、客观的价值观念。

4. 茶文化在思政教学理念上的应用

茶道是茶文化的主要构成部分，茶文化的广泛传播也使得茶道发荣滋长。茶道强调的是以茶会友，是平等尊重。因此，思政课教师在课堂教学中，应该向亦师亦友的身份转换，既要占主导地位，也不能忽视教育对象在思政教学中的客体作用。以朋友的身份走进大学生的思想世界，切实了解大学生的喜怒哀乐。另外，思政课教师在建构话语体系时，应吸纳茶文化中温润的特点，只有对待复杂艰巨的教学科研工作，才能够做到平心静气，才能在思政课育人的过程中，循循善诱，以马克思主义理论知识教导学生，以浇不灭的温情感染学生，使大学生感受到思政课的引人入胜之处。茶文化在当今仍作为一种文化符号不断焕发生机，其依靠的就是革故鼎新的改革精神，无论是选种、播种、还是炒茶，制茶，数千年来，茶文化在吸收了先进的技术后，被发扬壮大。思政课教师应该从茶文化中汲取创新的精神力量，不断更新自己的知识储备与教学方法。

（五）茶文化在思政教学中的渗透现状

中国茶文化在高校思政教学中的渗透现状不容乐观，面临着诸多困境和挑战，在传承优秀茶文化，用茶文化助力学生思政教育，培育有良好道德情操的大学生方面，高等院校和思政课教师任重道远。

1. 茶文化在思政教学中的渗透不足

茶文化作为中华优秀传统文化的重要组成部分，其蕴含的优秀精神理念本应作为学校重要宣传教育的内容有效融入思政教学中，充分发挥其价值引领作用，让学生在文化认同、情操陶冶中提升个人道德水平。然而，实际情况却不容乐观，由于茶道本身的专业性很强，偏重于农业的属性，使很多高校未发现其蕴含的巨大教育价值。很多高校目前在传统文化渗透方面，对茶文化的应用还存在空白之处。在部分引入茶文化教育的高校中，对茶文化的理解及对其内涵的深挖方面远远不够，没有发挥其应有的导向作用，达不到应有的教育目的。由于茶文化这一文化瑰宝在大学生思政教学方面处于边缘化状态，学生对于这一文化瑰宝蕴含的价值的认同和精神的内化是极其匮乏的，致使茶文化无法与高校思政教育有效融合。

2. 不良文化的入侵不利于茶文化的渗透

新时代的大学生正处于思维最活跃，思想不稳定，世界观、人生观、价值观逐步塑造的过程中。特别是他们生长在当今新事物不断涌现的时代，每天所面对的信息铺天盖地，尤其以网络的快速传播带来超大的信息量为主要特点，其中有些学生根本不去分辨所获得的信息的真伪和优劣，不去筛选对自己有益的信息，一方面是缺乏这方面的有效辨别的能力，另一方面是他们奉行看见的就是可信的原则，根本不去分辨。在这样的态度下，他们中的一些人受不良信息的影响较为严重，这些不良信息对中国传统文化的冲击，使得接收到这种信息的大学生对中国传统文化无视甚至是漠视，更无法意识到中华优秀传统文化对其思想品德的塑造、成长成才方面的重要作用。茶文化作为重要的中华优秀传统文化更是得不到大学生的重视。因而使茶文化在思政教学中的渗透受到阻碍。

3. 传统思政教学模式不利于茶文化的渗透

就目前现有的思政教学而言，虽然很多学校重视课程教学改革，但是思想政治理论知识的讲授仍然是课堂教学的重点，对于引茶文化入思政课堂，仅仅讲授茶文化内蕴的精神和价值是达不到优秀传统茶文化对学生思想政治的教育目的的，茶文化博大精深的思想更多的，需要学生在茶道诸多相互关联的程序对茶文化中予以接触、品味、认同、内化。茶文化实践教学的引入对于学生来说非常重要。因此，教师必须对课堂讲授与学生实践的关系拿捏得当，因为学生的实践参与就像一把金钥匙，运用得当，就可以打开茶文化思政育人这把大锁。

五、中国传统节日在思政教学中的渗透

（一）中国传统节日的相关概念

1. 节日

节日是指社会生活中约定俗成或由人们所特别规定的、具有特定的风俗活动内容，以一定的时间、季节、顺序等展开的庆典或欢聚活动。作为一种文化现象，代表着独特的内涵。

节日代表着文化的传承，同时也是人们内心深处某种记忆的延续，是历代劳动人民祈求的欣欣向荣与情感精神寄托。每到传统节日，人们相邀畅饮，进行一些约定的活动，借此互送祝福。由此看出，节日是社会层面的，是带有一定历史意义且循环出现的。对于新时代的大学生而言，节日变得更加有意义，因为每个节日都带有特定的历史背景和人文精神，其巨大的凝聚力和存在意义，让大学生在感受到深厚的文化底蕴的同时也值得大学生学习、探究并且发扬光大。

2. 传统节日

传统文化是我们最深厚的文化软实力。传统节日正是这数千年来中华文化的浓缩象征，既有从远古时代流传至今的民族记忆，是对历史文化的一种沉淀和怀念，

又有对不同时代习俗和情感的写照，是人们精神的强大支撑。

我国传统节日众多，有春节、元宵节、上巳节、寒食节、清明节、端午节、七夕节、中元节、中秋节、重阳节、下元节等。要深入了解传统节日，既要做好对历史文明的延续和传承，又要顺应当今社会文明的发展。比较重大的传统节日如春节，早在先秦时期就已经出现，在当时是人们新年祈福、击鼓驱鬼的重要日子，现如今意味着新的一年的开始，是百姓最重视、氛围最浓烈的传统佳节。又如端午节是农历的五月初五，更是对古代先贤美好感情的一种寄托。

（二）中国传统节日的精神内核

1. 尊重自然的朴素内涵

我国自古以来重视农耕，传统节日就诞生于农业文明的氛围中。同时，传统节日的日期也与气候的变化及农作物的生长周期变化有着紧密的联系。从本质上看，中国传统节日大部分都与节气相对应，是人们为使日常生活与自然时节变化相适应而创造的人文时间，以达到人与自然的和谐。这就充分说明了传统节日的设置遵循自然发展规律，也体现了天人合一的哲学思想。例如重阳节，人们外出登山和插茱萸，感受大自然的魅力；春节，人们共贺新春，体现着万物复苏、万象更新的生命力量等。顺应自然是我国传统节日的重要主题，而传统节日也是依据中国的阴阳合历而设置，展现了人们对自然客观规律的尊重。

2. 孝道亲情的伦理道德

《孝经·圣治》有云："人之行，莫大于孝。"受我国农耕文明背景及以"孝"为伦理情感的儒家思想影响，我国传统节日主题多以家庭亲情为中心，传统节日文化蕴含"仁""义""忠""孝"等观念，无不体现着中华民族"孝道亲情"的传统礼俗和道德理念。比如清明节（寒食节）有着祭祀祖先的习俗，人们在思念先人的过程中体会到了亲情的珍贵，孕育了感恩之心；重阳节的祈福求寿；端午节给孩童戴艾虎；等。这些都体现了中华文明慎终追远的情怀。和谐的家庭人伦关系，不仅影响着一个家庭，甚至影响到整个社会。春节时候的家人团聚、给长辈拜年等活动，无不寄托了人们对孝道亲情的追求，对国泰民安的憧憬。

3. 爱国担当的价值观念

爱国主义精神是中国传统节日文化凸显的主题之一，以端午节和清明节为例证。设立端午节是为了纪念伟大的爱国诗人屈原，他忧国忧民，即使流放也心系国家，最终却含冤而死。为了凭吊屈原，民间就形成了端午节吃粽子、赛龙舟的习俗，也使屈原的爱国精神不断地发扬光大。此外，人们还通过设定清明节来追念一生勤政为民、刚正不阿的介子推，以此弘扬介子推深厚的民族情感和清明气节。

此外，中秋节、春节也都体现了中华民族的家国情怀，传达了对故乡和家园的眷恋。民族精神与传统节日文化相辅相成，这也是推动中华民族生生不息、不断发展壮大的重要原因之一。

4. 热爱生活的精神追求

在中华民族代代相传的传统节日中，人作为节日的主体，对生命意识非常重视，体现了民族思维方式和价值观念，更直接体现了我国文化体系中的生命关怀及人文精神。中国传统节日文化有不少是与热爱生活、尊重生命相关联的，人们在庆祝节日期间祈盼五谷丰熟、年年有余、风调雨顺，正传达了对未来幸福生活的希望。例如清明节与节气息息相关，人们有着郊游踏青赏春、祭祀祖先等重要活动，蕴含着对自然生命的关爱与尊重；春节，人们走亲访友、欢聚一堂、舞龙舞狮，反映了老百姓积极向上的精神面貌；端午节，人们通过悬挂艾蒲来表达避邪驱瘟、追求身体康健的期望。节日宴席上的美味佳肴、内涵丰富的礼仪习俗、生动活泼的文体活动，传承了勤劳勇敢、热爱生活、关注人性的生命观。

5. 团结和谐的民族情感

中华民族一向推崇"以和为贵""讲信修睦"等思想，传统节日文化也无不体现着百姓们追求阖家团圆、向往和谐的心理。如新春佳节，家人团聚一起贴年画、对联，放鞭炮等，都承载着中华民族幸福美满、温情和谐的民族情怀；再如中秋节的月饼则象征着阖家团圆。同时，传统节日文化是维系国家统一和民族团结的重要精神纽带。尤其体现在海内外华人共同举办节日庆祝活动上。无论中国人身在何处，都会不约而同地共贺春节等重大传统节日，这也体现了中华民族的一脉相传的文化血缘和民族情结。推进青少年传统节日文化教育，要最大限度地强化文化认同感和民族认同感，以此来凝聚民心，培养青少年"贵和尚美"的价值理念。

（三）中国传统节日的特征

1. 传承性

传统节日从产生到发展都是我国劳动人民历代沿袭而来的，体现了我国传统节日在时间上的传承。中华优秀传统文化的传承有利于大学生的成长成才，弘扬中华优秀传统文化，实现优秀传统文化与现代教育的完美融合，已变成更多学者关注的问题。今时今日，在我们后人的继承发展中融合了新的内容，亲近自然、敬畏祖先、忠孝节义、家庭和睦等，都体现了传统节日在内容上的继承和发展。传统节日在中华民族经历千年涤荡，仍能够传承下来，其中很重要的原因就是人们对它的热爱，更多的是让人们体验到了一种敬畏感与亲切感，而这种特殊的感情，将是当代大学生在纷繁复杂的社会中的一种精神慰藉。春节、端午节、中秋节，这些传统节日在人类发展的历程中,伴随着伟大祖国的繁荣昌盛,其伟大的历史性和传承性,为今后传统节日的发展带来了更广阔的发展空间。

2. 融合性

中国传统节日有着深层的文化结构,承载着丰富的历史内涵。中国幅员辽阔,多个民族共同发展,同一个节日不同地区和民族中都有较大的差异,展现出了地域特征和民族特色。正是因为不同民族的习俗不同,而各民族之间又能向统一多元的方向不断迈进,和谐相融,成为中国传统节日的一大特征。与此同时,中国有着发达而悠久的农耕文明历史。中国人注重人与自然的和谐共生,以二十四节气的变更安排劳作,按照休养生息、自然万物的历史法则确定传统节日,构成了天地、万物与人"合一"的状态。传统节日如期而至,春节迎新、元宵节猜灯谜、清明祭祖等,在固定的日子里赋予了其完全不同的历史意义,但其共性都是尊重自然、向往和平,也表达了人们珍爱自然、期待和谐的夙愿。中国传统节日就如天、地、人和谐共处的桥梁纽带,深刻地体现了"天人合一"的融合性。

3. 教育性

百年大计,教育为本。中国是一个重人伦、贵亲情的国家,每一个传统节日都带有其特定的教育背景。各种节日习俗虽然主题不大相同,但都或多或少地体现着这种关系。每到节日,至亲挚友欢聚一堂、团圆几乎成了亘古不变的主题,正是因为有了一份期待和相聚,恰恰体现了人们对美好生活的向往。在中国的传统节日中,"人伦"和"仁爱"的理念处处渗透。春节来临之前,将祖先祠堂和家里进行彻底的修整打扫。大年初一,家族成员虔诚叩拜、祈福烧香,为的就是能够在新的一年里能家庭和睦、喜乐康宁,其中的教育意义不言而喻。尽管人们的物质生活不断提高,但是心中的情感依然热烈,这就是人生的乐趣,一份牵挂与归宿。介子推背母隐于绵山被焚的故事令人惋惜,他对母亲的孝道也可谓感天动地,流传至今的人伦情感和教育意义,不仅可以影响别人,更能教育自己,同时也是当代大学生对文化传承责任的一种响应。

4. 丰富性

中国传统节日走过数千年的风雨历程,一直没有出现过中断,保持与时代发展的相同节奏,并随着社会的发展而不断加入新鲜元素,它依靠的是自身所具有的丰富内容和文化底蕴。中国传统节日丰富多样,每一个传统节日都有固定的日期,如阖家团圆的中秋节,人们举杯畅饮、共赏圆月、游花灯、逛庙会,互送祝福,寓意天上月圆地上人圆;七月初七,传递爱情的节日,无数的青年男女祈祷自己能够遇到相伴到白头的人；三月初三、九月初九、被称为天神节，人们会清扫房屋、焚香上供，虽然掺杂了不同民族的风俗色彩或迷信活动，但最终都是祈求人们一年的平安顺遂。五十六个民族共同繁荣、紧密团结又各具特色，共同打造了多层次的节日文化体系，充分体现了传统节日的丰富性，给传统节日增添了喜庆的同时，极大地丰富了人们的生活及精神上的需求。

（四）中国传统节日在思政教学中的应用

1. 在课堂教学中的应用

中共中央办公厅和国务院办公厅印发的《关于实施中华优秀文化传承发展工程的意见》中提出，将中国传统文化纳入思想道德教育、文化知识教育、艺术体育教育和社会实践教育的各个方面，贯穿于启蒙教育、基础教育、职业教育、高等教育和继续教育等领域。高校开展思想政治教育主要目的是利用知识教育使人民的思想意识与国家发展相同步、相符合。所以，要想实现传统节日文化在思想政治教育中的有效渗透，必须要从丰富教学内容、转变教育方式入手。

（1）思政课堂中传统节日文化的拓展

利用思政公共课，动态地融入传统节日文化元素，设立专题，如中国传统节日文化渊源探析、中国传统节日民俗故事研究等内容，帮助大学生在进行思想教育的同时，了解中国传统节日文化，再结合传统节日期间的社会体验，达成"知"与"行"相统一。另外，在课程设置上，对教学内容进行科学设计，重点突出传统节日文化的主要内容，结合大学生生活特点和社会经验不足、立场摇摆、目标不明确等症状，对症下药。例如思政课教师在课堂中将与传统节日文化有关的热门热点作为线索，引发学生的讨论与思考，比如春节"年味"缺失等社会热点问题，在这个过程中学生彼此之间的观点、思想得到了交流与互换，以实际可行的方式让传统节日文化走进学校、融入思想。

（2）重视隐性教育方式

目前，大学生对传统节日文化普遍呈现认知度不高、主动性不强、参与度较低，思政课对此需要承担部分责任。通常思政课多采用显性教育，也就是理论灌输教育，虽有一定效果，但是在实践的过程中其缺陷也逐步显现。因而，高校在思政教学过程中，还要采用动静结合、灌输与无形教育相结合的方式。

一方面，在授课方式上，可引入"主体调换"模式，让学生掌握课堂，老师仅作为指引者予以辅助，提纲要领，启发学生对某一问题的思考和研究，让学生以自己擅长的方式进行梳理，并完成总结汇报和成果展示。这种授课模式让学生主动参与课堂之中，有更多机会展示自己，便于提升学生自主学习和系统分析的能力。比如在进行传统节日文化内容的授课时，可让学生自主选择传统节日，对与传统节日相关联的内容进行收集整理，也可就传统节日文化与其他主题之间建立联系，进行综合性或针对性的分析，利用上课进行交流互动，以此加深大学生对传统节日文化的认知。

另一方面，要注重对第二课堂隐性教育方式的发掘与利用。除去思政课课堂以外，学生进行其他活动的领域称为"第二课堂"，因此，高校也要注重第二课堂对传统节日文化教育的重要性，实现隐性教育与显性教育相结合。高校对传统节日文化的内容可做延伸与分类，从饮食、服饰等多个角度进行。例如在春节期间，通过线上方式进行汉服文化和春节习俗的讲座，再配合相关的党团活动，形成互动；中秋节可进行诗词赏析、月饼制作等活动，学校还可聘请民俗专家、学者和民间艺人举办传统节日文化讲座。另外，高校还可在传统节日期间，组织学生进行包粽子、做月饼等校园活动，既增进了班级的凝聚力又达到了对传统节日文化的教育效果。通过情感交融的隐性教育方式，能够让大学生在自身体验、切身实践的基础上加强对传统节日文化的理解和认同。

2. 在教师素质培养上的应用

教育者的素质越高，就越能准确把握和代表社会要求，承担起输送社会要求的神圣职责，成为思想政治教育过程中成功的组织者，并取得教育的实效。高校教师在高校与学生之间搭建起桥梁，为国家人才的培育作出了不可磨灭的贡献。将传统节日文化渗透到思想政治教育中，这就要求教师要相应地作出新的改变、新的调整。

（1）提高教师传统节日文化素养

高校要以传统节日文化为教学侧重点，加强教师队伍建设，提升传统节日文化在教育教学中的比重，提升传统节日文化的认知度。首先要从思政课教师抓起，发挥思政课教师专业优势，研究传统节日文化内在价值和教学方法。高校可以组织召开以传统节日文化为主的相关培训或进修班等。或者，高校还可利用线上资源，邀请相关学术界专家进行线上讲座研讨，既简化了外出学习的流程，又达到了培训学习的目的。这些措施意在加大教师对传统节日文化的知识储备，交流学习新的上课模式，对教学内容、课堂实效性皆能起到促进作用。教师自我能力的提升，在大学生的思想政治教育过程中可以借助中国传统节日文化内容达到更好的思想政治教育效果。所以，教师不仅要具备丰富的知识，同时还肩负着对大学生进行督促和引导的职责。例如教师要要求学生，每学期都要阅读与传统节日文化相关的书籍，总结读书笔记；开设读书交流会，通过这种互动的方式，加强大学生对传统节日文化的认识，达到自我学习、自我完善的效果。

（2）系统挖掘传统节日文化内容

传统节日文化正是支撑传统节日能够延续至今的力量，但是节日文化的抽象性又导致了文化呈现的状态不够系统。所以，要想继承这种文化，首要任务就是要将节日文化看作一个整体，不要割裂其内容的连续性。第一步就要做好对传统节日发展历史的梳理，第二步就要将节日所内含的文化进行充分挖掘，第三步进行分类与整理，使其脉络更加清晰、条理性更强。在物质文化方面，可包含传统节日的饮食文化、装饰风俗等，这些传统习俗都是对当时生活的映射。在精神文化方面，主要是对其内在蕴含进行深度剖析。如春节期间互相拜访、走亲访友体现阖家团圆、尊重长辈的传统美德等一系列相关的精神内涵。在实践方面，主要体现在人们的日常行为之中，传统节日文化有着丰富的民俗活动。正因如此，以分类梳理的方式，可以涵盖传统节日文化的更多内容，教授者在教授的过程中，要保持思路完整、板块分明，从而让学生有一个清晰完整的认识。

六、《论语》中儒家文化在思政教学中的渗透

（一）概述

《论语》是中国传统文化儒家学派的经典著作，用语录体的形式记载了孔子及其弟子的言行，集中体现了儒家在为学、教育、仁政、礼乐等方面的重要思想。在纪念孔子诞辰2565周年国际学术研讨会上，习近平总书记强调"不忘历史才能开辟未来"。在中国进入新时代的今天，习近平总书记多次在国内外公开讲话中引用《论语》的经典语句，体现了《论语》具有永不褪色的时代价值，体现了中国传统儒家思想的深远影响，同时向全世界展示了有着五千年文明底蕴的大国形象。

高校思政课教师要以高度的自觉性，深入学习《论语》中孔子"诲人不倦"（《论语·述而篇》）的教书育人之道。大学生要如同孔子的三千弟子一样好学善思，要有古代士大夫心怀天下的家国情怀和成为新时代奋斗者的责任担当。《论语》融入高校思想政治理论课要坚持时代性原则，要紧密联系当前网络信息时代、社会发展及校园内外部环境的变化，找准《论语》与高校思想政治理论课在教书育人、传道授业、修己成才等方面的契合点，积极阐发《论语》在高校思政教育中的新时代价值。《论语》融入高校思想政治理论课要注重双主体性，教师作为高校思政课的主体不能对《论语》进行生搬硬套地教条式解读，要以问题意识为导向深入解读《论语》的丰富思想意蕴。作为高校思政课双主体的大学生，不能简单地诵读《论语》中的经典语句，要独立自主地对《论语》进行深入思考。高

校思政课堂要成为师生讨论交流的场合,在教师和学生良性互动中增进对《论语》的理解,达成思政教学育人目标。

(二)《论语》中儒家文化的渗透

1. 对大学生的理想教育

《论语》成书时期,各国之间战乱频发,百姓生活不安定,但孔子15岁就坚定了"志于学"(《论语·为政篇》),还孜孜不倦教导"匹夫不可夺志"(《论语·子罕篇》)。曾子也强调"士不可以不弘毅"(《论语·泰伯篇》),这都体现了儒家对于树立远大志向的重视。在内容上要精选《论语》中孔子及其弟子关于树立志向的言论,融入"思想道德与法治"追求远大理想章节,重点包括儒家弟子树立的为学、修身、齐家、治国等志向。思政课教师在授课时要注重结合新时代的要求,让大学生在思政课程中不仅学习儒学经典,而且受到启发和教育,从而坚定志向。作为知识水平较高的大学生,对比古代儒家弟子"修身齐家治国平天下"为己任,更要把自己的志向和实现中国梦结合起来,在实现民族复兴的征程中实现个人理想。作为新时代大学生,要感恩中国共产党人舍生忘死为我们带来的幸福生活,同时也要自觉承担我们这一代青年人应有的责任担当,要不负这个伟大时代提供的历史机遇,要不负青春年华,激荡青春奋斗的力量,要挺起中国人的脊梁复兴中华民族。

2. 对大学生的价值观教育

《论语》中有很多关于义利观的言论,体现出儒家思想对于正确价值观塑造的重视。孔子认为"不义而富且贵"(《论语·述而篇》)是如同浮云般不值得追求。子贡认为能够做到"贫而无谄"已经不错,但是孔子认为"可以",但是不如"贫而乐"(《论语·学而篇》)。孔门中好学第一的颜回的生活就是如此,居住环境是在"陋巷",每日饮食仅仅是"一箪食一瓢饮",但是颜回却能够做到"不改其乐"(《论语·雍也篇》),这是很难能可贵的品质。大学生作为青年,"三观"正在形成,逐渐进入成熟期。时下大学生的生活水平已经普遍高于《论语》时代士大夫的生活水平,但是在价值观塑造方面还不够成熟,容易受到网络上不正确的价值观影响。孔子强调"见小利则大事不成"(《论语·子路篇》),大学生不能被"小利"蒙蔽了双眼,要能以大格局和长远眼光实现中华民族复兴。在内容上要精选《论语》中关于正确义利观的论述,融入"思想道德与法治"领悟人生真谛章节,让新时代大学生树立正确的义利观,增强对社会主义核心价值观的认同感,为物欲横流的网络环境注入一股"清流",起到正本清源、凝神聚气的作用,为大学生的职业生涯及人生规划给予正确的价值导向。

3. 对大学生的自省教育

《论语》中有很多重视个人品德修养，善于思考和自我反省的对话记载，这也是儒家思想中成为君子的内在要求。最出名的是曾子关于"吾日三省吾身"（《论语·学而篇》）的论述，还有"见贤思齐焉，见不贤而内自省也"（《论语·里仁篇》）等言论。在信息大爆炸的今天，人们越来越适应从网络社交媒体获取信息，面对鱼龙混杂的网络环境，很多大学生容易受到海量信息的外部冲击，特别是在部分"键盘侠""标题党"的鼓动下，习惯于"向外求"而忽视了"向内求"，造成自我反省和觉察能力的缺失，变成"人云亦云"甚至成为"网络暴力"的"幕后推手"。精选《论语》善于自我反省关注内在的内容，融入"思想道德与法治"加强道德修养章节，让大学生通过思政教育能够从外向内关注自我省察，构建正确的"三观"和高尚的品德追求。思政课教师要结合网络信息时代的新形势、新特点、新要求，在众声喧哗的外部环境中，引导大学生对网络上的不同言论进行理性思考，对自我及时进行反省和观照，始终保持正知正觉，不成为网络谣言的传播者，不让网络上的不实言论和负能量影响身心。大学生要养成省察克己、善于思考的习惯，心平气和专心致志地投入学习知识和提升专业技能上，形成慎独、省察克己的良好校园文化，同时积极在网络空间进行正能量的传播，营造风清气正的网络舆论氛围。

第三节 中华优秀传统文化的渗透路径

一、教材方面

（一）将传统文化渗透到思政课程教材中

教材是思政课教学的风向标，它是把握教学内容、制定教学目标和教学重点的依据。我们现有的思政课主教材是经过专家学者的专门研究、精心编写的，有很强的理论性和逻辑性。但是现有的教材改革还有空间，还可以系统地增加优秀传统文化的内容，以增强教材的说服力和感染力，提高教材的可读性。我国优秀传统文化蕴含着社会主义核心价值观内容，是新时期思政课教材改革的重要资源。我们可以将这些内容提炼和总结，转化为适合当代大学生特点和新时代思想政治教育需要的教学内容，把它系统地纳入整个教材改革的知识体系中，以增强教材的针对性、完整性和实用性，为中华优秀传统文化在思政课中的渗透奠定教学基础。此外，各级各类学校还可以根据自身的特点，编写一些传统文化辅助教材和教学读物，帮助学生理解和吸收主教材的内容和思想，提高思政课的教学效果。

在教材内容的选择上要注意，我国传统文化有精华的部分，也有封建的、过时的内容，编写时要善于甄别，要吸收其精华，剔除其中的糟粕，将适合新时代发展的价值观念和思想精华充实到教材中。比如"思想道德与法治"主要涉及的是理想信念教育、中国精神教育、道德修养和法治思想教育等，帮助大学生树立正确的人生观、世界观和价值观，提升大学生思想道德素质和法治素养，它是与我国传统文化结合最为紧密的思政课。现有的教材中，部分章节零星地涉及传统文化的内容，可以按照章节顺序，有针对性地、系统地加入优秀传统文化内容，如"志存高远"（《勉侄书》）的理想观、"虽九死其犹未悔"（《离骚》）信念观、"君子有道"（《淳化乡饮酒三十三章》）的道德观等，进一步开展价值观、道德观和法治观的教育，促进大学生人格的自我完善和成长成才自觉性的提升。"毛泽东思想和中国特色社会主义理论体系概论"主要是介绍马克思主义中国化理论成果和我国当代政治、经济和外交制度，侧重于政治上和思想上的引领。这些马克思主义中国化的理论成果，是中国共产党人长期以马克思主义为指导，依托中华优秀传统文化，结合中国国情，在实践中形成的。它所倡导的价值观念和思想内容，大多源于传统文化。教材内容应该注重引导学生在了解国情的基础上，理解马克思主义中国化的基本经验和规律，激发大学生投身社会主义建设事业的热情，培养他们的民族自信心和自豪感。"中国近现代史纲要"以救亡图存为主线，介绍近代以来中华民族仁人志士为民族独立和民族富强前赴后继，最终选择社会主义道路的历史，全书贯穿着中华民族的爱国主义精神。其中不怕牺牲、不畏强敌的精神，体现了中华民族自强不息的民族传统。将优秀传统文化融入教材，应当着重引导学生加深对民族精神的认同，培养大学生的爱国情怀，从而理解和认同历史选择中国共产党、选择社会主义道路的必然。我国历史长河中曾经涌现了许多这样可歌可泣的英雄人物和故事，也可以作为教材内容。

（二）将传统文化渗透到思政课的辅助教材中

在教材建设上，编写中华优秀传统文化融入思政课的辅助教材。教育主管部门要鼓励有能力的教研团队，编写中华优秀传统文化融入思政课的教学设计、教学案例等。一方面在胜任渗透教学的师资不足情况下快速提升教师能力，另一方面也有利于推广渗透研究成果，规范和带动传统文化教育繁荣发展。

二、教师方面

（一）用人格素养影响学生

思政课教师不但要善于在课堂教学过程中把中华优秀传统文化与思政课教学有机结合起来，以深厚的传统文化底蕴激发学生学习中华优秀传统文化的热情和兴趣，在课堂教学之外还要身体力行，用人格素养润物无声，潜移默化地影响学生。人格是一个人精神修养的集中体现，能够反映一个人的品质修养。教师的人格魅力是教师良好的精神风貌和行事风格的凝练和升华。思政课教师的人格魅力以其内在的、崇高的人生态度和情感为支撑，以其外在的形象气质为依托，通过课上循循善诱、课下为人师表的行事风格感召学生。为此，思政课教师要不断提高理论水平，以渊博的学识和深厚的文化素养赢得学生的认可，树立良好的教师形象。要完善自身人格，强化自身道德素养，在学生中树立积极学习中华优秀传统文化的榜样。要全方位提升教师素养，做到以德立身、以德立学、以德施教，用高尚的思想品格和人格魅力吸引、影响和教育学生，自觉做为学为人的表率，真正做到"行为世范，学为人师"（《文宣王及其弟子赞》）。

（二）加强传统文化的培训

为了提高思政课教师运用中华优秀传统文化开展思政课教学的能力，应对其加强有针对性的培训。因此，高校要建立和完善对思政课教师进行关于中华优秀传统文化的培训制度。高校可以定期组织思政课教师进行线上和线下、集中和分散等多种方式的培训。培训的内容应包含中华优秀传统文化的理论知识、运用中华优秀传统文化进行思政课教学的方式及在教学过程中需要注意的问题等。也可以邀请相关领域的专家学者为思政课教师做专题报告，开设有关中华优秀传统文化的讲座。充分利用互联网，通过视频讲座和互动交流研讨等多种形式组织教师进行线上线下学习。同时，高校要积极动员、组织思政课教师到历史遗迹、古迹、博物馆、纪念馆等进行参观学习。通过实践研修，教师能在潜移默化中感受中华优秀传统文化的魅力，以增强其教学的积极性和主动性。

（三）不断提高教学创新能力

由于部分思政课教师挖掘和运用中华优秀传统文化的能力不强，在将中华优秀传统文化渗透到思政课教学时，大多仅停留在"机械融合"层面，课堂讲授时只是浮于表面，没有深入考察中华优秀传统文化的时代背景、实质内涵等因素，这就使得学生很难全面、深入地理解其内涵，造成中华优秀传统文化在思政课中的运用和渗透不能达到预期效果，削弱了中华优秀传统文化在思政课中的运用价值。因此，思政课教师除了努力加强中华优秀传统文化的理论学习外，还要认真思考如何才能将中华优秀传统文化有效融入思政课程体系当中。这就要求思政课教师不仅要将中华优秀传统文化作为可以借鉴的资源进行开发利用，更要在课堂教学中，根据时代发展变化对其内容和形式进行创造性转化，用通俗易懂、生动形象、喜闻乐见的语言表达出来，活跃教学气氛、启发学生思考，以增强教学效果。使学生从中汲取中华民族的精神力量，增强民族自豪感，保持对中华优秀传统文化的自信，让中华优秀传统文化成为激励自己不断前行的精神力量。

（四）重视学生的特点和兴趣

在将中华优秀传统文化渗透到思政课教学时，要结合学生的特点、兴趣点、关注度和知识面来安排教学内容。要把中华优秀传统文化以学生喜欢、接受的方式融入教学体系中，弘扬和培育中华优秀传统美德，提高学生的思想道德水平，坚定学生远大的共产主义理想信念。

（五）构建学习传统文化知识体系

加强中华优秀传统文化的理论学习和实践研究，主动提升中华优秀传统文化素养，部分思政课教师虽然具备了一定的学术功底，但是由于缺乏全面、系统的中华优秀传统文化的学习和培训，其中华优秀传统文化理论功底不扎实、不深厚，将中华优秀传统文化融入思政课教学的创新能力不足。因此，必须构建学习中华优秀传统文化知识体系，让思政课教师全面、系统地学习和了解中华优秀传统文化的相关知识。思政课教师要在理论上深化研究、在实践上积极探索，努力把中华优秀传统文化的理论学习和实践研究结合起来，加强对中华优秀传统文化相关知识的涉猎，把握和领会其精髓，并将中华优秀传统文化的丰富资源创造性地运用到思政课教学中，从而实现思政课教学政治功能和文化使命的有机统一。

三、课堂教学方面

（一）创新教学手段

课堂教学的效果如何，往往与教师选择的教学手段有关，传统的"一言堂"或者"填鸭式"教学方式很难收到好的效果。教师作为课堂教学的主导者，一定要把握好"教"与"学"两个主体的关系。教师除了要演好"教"的角色之外，还要充分尊重学生作为"学"的主体角色。要尊重学生的身心发展规律，把握时代青年的特点，因材施教，充分调动学生参与课堂教学的积极性和主动性。多开展一些形式多样、学生参与度高的教学形式，比如网络抢答、小组辩论、即兴演讲、抽签答题等，使学生由被动接受，向主动参与、主动思考、主动接受的方向发展，切实提高思政课的教学效果。

（二）创立新话语体系

在教学过程中，教师要善于运用话语元素，打造中国传统特色的新概念、新提法，努力创立新的话语体系。坚持古为今用，既善于引经据典，又要推陈出新，塑造适合当代社会话语表达的新方式，赋予传统文化新内涵，不断增强语言表达的穿透力、说服力。总之，教师要能巧妙地将中华优秀传统文化和现代流行表达方式植入思政课，构建起古今相融、通俗易懂、生动形象的思政课话语体系，充分展示思政课的语言魅力，提高思想课的吸引力和感染力。

（三）不断更新教学理念

教学理念支配教学行为，要想真正提高课堂教学效果，教师要不断更新教学理念，要从以往的"以德育人"向"以德育人和文化育人融合"的理念转变，注重用优秀传统文化滋养思政教学。坚持以学生为中心，坚持主体性思维方式，把握中国传统文化的道德灵魂与精髓。围绕立德树人的根本任务，用我国优秀的传统文化教育和培养大学生为中国社会主义现代化事业和中华民族伟大复兴而奋斗的使命感和责任感。

（四）选择恰当的教学点

在教学过程中，教师要认真研究教学大纲、瞄准教学目标、找准我国优秀传统文化与思政课的契合点。根据各章节的不同内容，选择适当的方式引入相应的内容，激发学生对思政课的兴趣，为学生理解课程内容、沟通古今搭建桥梁。在选择教学点时，要把握好融入的传统文化和思政课教学内容之间的关系。要注意传统文化依托于思政课的教学目标，不能抛开思政课原本的教学内容机械地引入传统文化的内容，要找准两者的结合点，实施精准教育，让思政课有深度、有广度、有活度。

（五）充分利用现代信息技术

借助新媒体渗透传统文化，抓住学生"兴趣点"。高校学生生活在信息技术飞速发展的时代，各式各样的娱乐占据了很多学生的时间，导致其读书越来越零散、零碎、娱乐化。因此，正确使用新科技，对更快、更好地传播传统文化有积极意义。与传统教育课程相比，以信息技术为背景开展的网络课堂具有较强的教学优势，如在高校思政课的开展过程中，教师可以将传统文化内涵渗透其中，开展思想政治教育；如有必要，可以将现代化教育手段与信息技术进行有效融合，通过信息手段展现传统文化的精神内涵,激发学生对传统文化学习的兴趣,让学生在文化洗礼中形成爱国精神和爱国素养,并通过多元化的手段来传承传统文化。理论知识扎实、教学技巧扎实,是教师的基本功。"师者,所以传道授业解惑也。"(《师说》)所以,教师要有很强的语言表达能力。文字形象生动、有趣、幽默,能很好地调动学生的学习积极性。要从视觉、听觉、心理等方面下功夫,尽可能多地给学生美,让他们快乐地学习。同时,教师要学会利用微信群、QQ群,向学生发布传统文化相关内容的文章、图片、视频等,组织学生展示自己家乡的文化传统、文化特色,引发学生学习思政课的兴趣,在愉悦浏览中将中华优秀传统文化内化于心。

(六)增加传统文化的考查内容

在教学评价中,增加传统文化的考查内容。逐渐提高传统文化题目的分数在总分中的比重。考查形式可以灵活多样,既可以融入平时查考,也可以融入期末考试;既可以采取笔试题、写论文等形式,也可以采取社会调查、志愿服务、演讲辩论等形式。

(七)不断开发传统文化教学资源

要想使中华优秀传统文化渗透到思政课教学中并取得明显成效,除了要求思政课教师具备深厚的马克思主义理论功底、宽广的中华优秀传统文化知识结构外,还要有运用中华优秀传统文化进行思政课教学的能力。因此,思政课教师要通过各种途径积极开发中华优秀传统文化的丰富资源,把中华优秀传统文化的丰富资源有选择地吸收到高校思政课的教育教学体系中,在思政课教学中灵活运用中华优秀传统文化。

四、实践教学方面

实践是课堂教学的延伸和拓展,也是实现思政课效果的升华。高校的思政课教学大纲中有要求,每门课要设置实践课时,强调理论联系实际,在实践中学习、在实践中理解、在实践中践行。但是,在实际工作中,多数高校思政课实践教学都存在不足之处。要将中华优秀传统文化切实渗透到思政课中,就要重视理论教学与实践教学的有效结合,努力构建优秀传统文化进课程的实践体系。具体应该做好以下两方面工作。

(一)课内实践

课内实践,即在课堂理论讲授的同时增加实践体验,让学生亲身体验和感受传统文化的魅力,增强对传统文化知识的理解和感悟。如在课堂上设置情景教学,通过人物角色扮演、改编小品等形式重温历史经典，感受文化魅力；可以带领学生诵读经典，在阅读中接受教育；也可以在课堂上播放视频电影，感受历史经典的震撼；还可以网络连线校外的专家学者和文化讲解员，接受在线教育；等等。

（二）课外实践

课外实践，即在课堂教学以外，组织学生参加实践，提高传统文化在思政课上的延展性。课外实践可以增加学生实践的自由度，提高学生的兴趣，可以更好地将我国优秀传统文化成果渗透到教学和生活中，建立起大学生思想交流的"立交桥"，让学生潜移默化地接受传统文化的滋养，在不知不觉中接受教育。

1. 进行社会调查

通过思政课实践教学途径来"融入"大学生社会调查是全员实践教学，可以保障中华优秀传统文化融入思政课的广泛性。在设计调研方案时，教师可以在思政教学的目标指导下，把传统文化融入调查题目中。通过学生的亲身调查、总结反思，深刻体会传统文化与马克思主义的相通与互补。

2. 参与志愿服务

志愿服务越来越受到大学生的认可，是中华优秀传统文化渗透到思政课的重要途径。志愿服务是帮助他人、服务社会且不求回报的高尚行为。通过参与志愿服务，有助于大学生树立正确的世界观、人生观和价值观，培养学生的社会责任感，增长见识和才干，提升道德品质，同时也是大学生了解传统文化和践行传统美德的好机会。

3. 进行体验教学

体验教学是中华优秀传统文化与思政课融合的生动形式，很受学生欢迎。在教师带领下参观当地的传统文化景点，可以使教师的现场讲解与学生的直观感受更好地统一起来，使思想政治教育更生动，更能激发学生的爱国情感和民族文化自信。

五、校园环境方面

在校园文化生活中，将传统文化渗透进校园，能够营造传统文化氛围，使其以校园精神的形式达到潜移默化的教育效果。在这种环境下，能够让学生形成正确的价值观，传承正能量；还能够让学生始终对生活抱有热情，增强学生的文化认同和国家责任感。学生在校园文化教育中感受文化，把所学的理论知识运用到实践中，实施文化教育。例如在学校的休息区、公共活动场所张贴名言警句，安放名人雕像等，以此来让学生对"毛泽东思想和中国特色社会主义理论体系概论"知识有所认识。另外，学校还应努力丰富校园文化，并开展一些具有传统文化的学习活动，如经典继承、朗读、社会实践等学习主题，使大学生在不知不觉中对知识进行消化吸收。

第四章　高校思政教学中学生文化自信的培养

本章内容为高校思政教学中学生文化自信的培养，主要从四个方面进行了介绍，分别为文化自信概述、高校大学生文化自信的培养、高校思政课程与文化自信培养的关系、高校思政教学中文化自信的培养路径。

第一节　文化自信概述

一、文化自信

（一）文化自信的内涵

文化自信具有丰富的内涵，理解其内涵是树立文化自信的基础。对于文化自信的理解，不同学者基于不同的视角对其作出了不同的界定和解释。我们今天所讲的文化自信，是对中国特色社会主义文化的认同、肯定和坚守。文化自信是文化主体呈现出的积极的心理、情感和行为状态，表现为对自身文化的高度认同和崇高信仰、对自身文化发展的坚定信心及对外来文化的包容和扬弃。具体来讲，我们可以分为三个层面来理解其内涵：其一，文化自信建立在文化自觉和文化认同的基础上，是国家和人民对中华文化有着理性、清晰的认识，表现出对自身文化高度的价值认同、深厚的情感认知和坚定的文化坚守；其二，文化自信是国家和人民对自身文化发展前景充满自信，并为了自身文化的发展进行积极继承、丰富和创新；其三，文化自信是国家和人民对于外来文化具有开放包容的心态和兼收并蓄的气度，体现出对自身文化的理性扬弃、对外来优秀文化成果的辩证吸收与虚心借鉴。

（二）文化自信的内容

我们所倡导的文化自信在历史的变迁和现实的检验中积聚了坚实的理论基础，

它植根于中华民族丰厚的文化土壤,有马克思主义的科学指导,社会主义建设更是为其积累了丰富的文化思想。换言之,我们的文化自信源自中华历史的深厚积淀,源自中国革命、建设和改革取得的巨大成就及马克思主义中国化的理论成果。中华儿女通过实践创造的中华优秀传统文化、革命文化和社会主义先进文化这三种文化构成了我国文化自信的内容来源。首先,中华优秀传统文化是我们树立和增强文化自信的根基,其蕴含的深厚底蕴和丰富内涵是指导我们待人接物、为人处世的原则,更是促进我国文化发展繁荣的强大基因和源头活水。其次,革命文化是一种带有红色印记的文化形态,其脱胎于中华民族优秀传统文化,形成和丰富于新民主主义革命和社会主义建设时期,我们所熟悉的长征精神、"两弹一星"精神等革命文化给予了我们强大的精神支撑,不断激励着中华儿女不怕牺牲、艰苦奋斗、勇于攀登。最后,社会主义先进文化是改革开放以来的文化创造成果,是最能反映中国特色社会主义的文化,同时又能准确反映人民的精神文化追求,反映时代发展变化,具有与时俱进的特性。由此可见,我们倡导的文化自信有着丰富的内涵和强大的底蕴支撑。

(三)文化自信的构成

1. 文化自信的主体

探究文化自信主要内容,首先要明确的一个重要问题是:文化自信的主体是哪个、文化自信谁主导、到底是谁的自信?习近平总书记明确指出:"当今世界,要说哪个政党、哪个国家、哪个民族能够自信的话,那中国共产党、中华人民共和国、中华民族是最有理由自信的。"[①]文化自信的主体不是古代人,也不是外国人,而是中国共产党、中华人民共和国、中华民族的,当代中国人的文化自信,尤其是共产党人的文化自信。党自成立以来,以实现民族复兴的历史使命感,自觉肩负起传统文化传承与创新的历史重任;坚持科学理论指导,运用辩证思维正确处理中国文化与国外文化的关系,不断推动马克思主义中国化进程。历经几代共产党人的不懈努力,革命文化、先进文化孕育而生,传统文化推陈出新。中国共产党人以"自信人生二百年,会当水击三千里"(《七古·残句》)的勇气和决心,以高度的文化自信,增强国家文化软实力、实现文化的伟大复兴。

2. 文化自信的对象

主体与对象相互对应,在了解文化自信主体的基础上,要明晰对什么自信。文化自信,归根到底就是中国特色社会主义自信。我们要坚持和增强的文化自信是中国特色社会主义的文化自信,中国特色社会主义是文化自信的总体对象。改

---

① 习近平. 习近平谈治国理政:第二卷 [M]. 北京:外文出版社,2017.

革开放以来，党的理论探索和创新，党领导人民进行的社会主义建设实践的主题都是围绕中国特色社会主义展开的。党的十一届三中全会后，党的理论创新，各项事业规划都是为了更好地推动中国特色社会主义事业发展，同样我国文化理论创新、文化建设的推进也都是围绕中国特色社会主义展开的。强调中国特色社会主义是文化自信的总体对象，首先，中国特色社会主义包括中国特色社会主义道路、理论体系、制度和文化，从"大文化观"去理解，从文化的广义去把握，坚定文化自信就是坚定其他三个自信；其次，文化自信基本内容的三种文化为道路开拓、理论体系创立、制度形成提供文化的给养、思想的积淀；最后，中国特色社会主义有其深厚的现实基础，它立足中国国情、植根于中华大地，以人民的根本利益为核心，反映人民意愿、顺应时代发展潮流。可以看到，中国特色社会主义是文化自信的总体对象，同时规定了文化自信的社会属性和发展方向。

3. 文化自信的中介

文化自信的中介是联系文化自信主体与对象的枢纽与桥梁。通过中介让主体对客体形成正确的认知，充分的自信。第一，加强对中华民族历史的学习。历史承载过去，开创未来。坚定文化自信，离不开对中华民族历史的认知和运用。扎根中华文化沃土，从中华民族历史中汲取养分，为国家治理、文明延续、文化建设等探寻经验。第二，重视理论建设，推动理论创新。马克思主义是科学的理论，具有强大的真理力量。文化自信主体要始终坚持马克思主义的指导地位，文化自信的客体是在这一科学理论指导下的理论结晶和实践成果。坚持马克思主义的指导地位，加强学习、研究、传播、创新，不断推进马克思主义中国化的历史进程。第三，加强宣传教育，借助新兴媒体。加强理想信念教育、加强"四史"教育，坚持正确的舆论导向，在发挥传统媒体作用的同时，借助以互联网技术为基础的新媒体的时代优势，让文化自信的主体与对象借助宣传教育形式、媒体载体等相互连通，让文化自信更加凸显。

4. 文化自信的目标

我们反复强调文化自信、明确文化自信的历史厚重感和现实紧迫感，不是为了抚今追昔，为中华民族创造的灿烂辉煌的文明成果洋洋自得、厚古薄今，躺在过去的成绩簿上，停滞不前，更不是满足于当前文化建设的成就，裹足不前、不求进取，而是为了适应时代坐标体系的转换，采取的一种积极进取的态度、自我肯定的心态、有所作为的姿态。文化自信是在已有基础上继承、转换、创新、发展，不仅关注一人的成长、也不仅着眼于一国、一民族的发展，更是在此基础之上谋求天下大同、文明交融。因而，文化自信的目标不单是国民文化素质素养的提升；文化自信面向的是中国，还着眼于"两个一百年"的奋斗目标、着眼于中华民族伟大复兴的目标,铸就中华文化新辉煌;同时,文化自信放眼世界未来,为全球治理、为世界发展提供中国智慧和中国方案。

（四）文化自信的定位

在庆祝中国共产党成立95周年大会的讲话上,习近平总书记将文化自信与其他三个自信并称为"四个自信"。这是我们党对文化在中华民族伟大复兴中重要作用的新认识,具有重要的现实意义。文化自信的出现将中国的自信体系由原来的"三个自信"发展为"四个自信"。道路、理论、制度、文化自信构成了紧密联系、相互影响、内在统一的整体。如果说,道路是探索中国特色社会主义的实现途径,理论是探索中国特色社会主义的行动指南,制度是探索中国特色社会主义的根本保障,那么文化就是探索中国特色社会主义的精神力量。虽然四者是从不同角度切入中国特色社会主义建设事业的,但它们有着共同的目标,那就是为实现中国梦提供精神力量,增强全社会成员对中国特色社会主义事业的认同感和自信心。因而,理解道路、理论、制度、文化自信中任何一个自信,都必须整体地而非割裂地去理解和把握。

立足于中国独有的自信体系,文化自信具有独特的价值。习近平总书记强调:"坚定中国特色社会主义道路自信、理论自信、制度自信,说到底是要坚定文化自信。"[1]文化自信作为其他三个自信的基本价值支撑,"是更基础、更广泛、更深厚的自信"[2],是更基本、更深沉、更持久的自信。这里所说的"更"是相对于其他三个自信来说的,文化自信的这些特点更为突出。第一,"更基础""更基本"立足于文化自信的地位和作用,是指文化自信的基础性。文化自信的核心是理想信念,而道路、理论、制度属于政治范畴,理解政治需要一定的文化素养,因而坚定对中华文化的认同感和自信心能够为中国特色社会主义建设提供有力的精神支撑。第二,"更广泛"体现文化自信的内容和影响,是指文化自信涵盖内容和范围的广泛性。文化作为自然科学的社会意识,可以渗透于各种物质载体之中,因而文化自信不仅表现为对文化的高度认同,也体现在对中国特色社会主义道路、理论和制度的坚定信仰。第三,"更持久"展现文化自信的传承和延续,是指文化自信影响的持久性。文化作为一种印记,一旦成为信仰,就会深深扎根于人们心里,长久地发挥引领作用。第四,"最深沉""最深厚"则展现了文化自信的状态,是指文化自信影响的深入性。中华文化展现了中华民族永恒的精神追求,潜移默化地影响着人的思维方式和价值观念,成为人们日常坚定的信念。

---

[1] 习近平.习近平在哲学社会科学工作座谈会上的讲话[N].人民日报,2016-05-19(02).
[2] 习近平.习近平在庆祝中国共产党成立95周年大会上的讲话[N].人民日报,2016-07-02(02).

（五）文化自信与文化自觉、文化自强的联系

文化自信、文化自觉与文化自强三者之间有着内在的逻辑关系。文化自觉是基础，是文化自信的一种觉醒、一种反思；文化自信是关键，是对文化自身的充分肯定、认可，并对文化未来发展充满信心和希望；文化自强是目标，是坚定文化自信，加强文化建设实现的终极目的。三者之间是一种相互影响、层层递进的逻辑关系。

1. 文化自觉是基础和前提

文化自觉基于对文化的理性反思，是对文化的自我觉醒、理性审视、辩证性批判，其最核心要义在于反思。正是这种反思让文化主体对文化自身有更加清醒的认识。只有通过对自身文化进行反思、警醒而形成的文化自觉，才能让文化主体认真审视自身文化，对文化优势产生深刻认知，以此为基础，进而形成文化自信。文化自觉的主体既有个体，如个人；也有共同体，如民族、国家、政党等。一般来讲文化自觉指的是共同体即民族、国家层面的文化自觉。文化自觉核心在于文化反思，我们既要关注文化反思内容的不同，还得注重文化反思方式和维度的差别，对文化的反思内容形成由浅入深的递进，反思方式形成深度和广度的有机结合，进而对文化自身形成客观的、全面的、深入的、清醒的认识。文化自知、文化自觉是文化自信和文化自强的基础和前提。

中国共产党成立百年的历史进程中，始终立于时代潮头，高举先进文化的旗帜，以高度的文化自觉，提出党的文化纲领、制定党的文化政策、推动党的事业。党在不同时期自觉承担起运用先进文化引领革命发展和社会进步的责任。正是基于文化自觉，才能在文化发展取得成就的基础上，在对中华优秀传统文化、革命文化、社会主义先进文化认同的基础上，以高度的文化自觉为基础，让文化自信主体以昂扬的姿态，迈着自信的步伐，为实现文化复兴的伟大目标而不断前行。

2. 文化自信是关键和中间环节

文化自信强调的是对自身文化价值的肯定。文化自信是一种精神力量，也是一种坚定信念，是建立在文化自觉基础之上的，最终要实现文化自强。

坚定文化自信有助于提升文化自觉。一个国家、民族、政党对自身文化越自信，文化自觉就越强烈。文化自信是一种心理激励，也是一种精神力量。从宏观来看，这种自信让文化主体有更为宽广的视野、更高的站位，将文化发展放在百年未有的大变局的背景下去谋划，将文化纳入"五位一体"总布局中去发展，为文化拓宽发展之路，营造广阔空间，加快社会主义文化强国建设步伐。从微观来看，坚定文化自信，让广大民众的民族自豪感、文化自信与日俱增，国民的文化自觉意

识不断提升。只有国家、政党、民众对文化充满自信，文化自觉才能得到整体提升。

文化自强是文化自信的最终目标。不断增强文化自信的过程也是逐步实现文化自强的过程。坚定文化自信要凝魂聚力。文化是民族凝聚力和创造力的重要源泉，是综合国力竞争的重要因素，是经济社会发展的重要支撑。坚定文化自信，就是要践行核心价值观，增强文化的凝聚力、民族的向心力，同时加强党对意识形态工作的领导权，自觉抵制西方意识形态渗透，筑牢社会主义意识形态阵地。要加快文化事业和文化产业发展，推进社会主义文化的大发展、大繁荣，铸就中华文化新辉煌，最终实现文化自强。这也是文化自信循序渐进、日益增强的过程。

3. 文化自强是目标方向

文化自强是文化自觉、文化自信的最终指向。文化自强指的是把文化建设发展的着眼点放在本国力量上，增强本国的文化软实力，从这一意义上来说，文化自强就是建设社会主义文化强国。中央的文件中并没有关于文化自强的明确表述，但有关于文化强国的表述。在党的十七届六中全会上强调，努力建设社会主义文化强国，标志着党对文化建设规律的认识不断深化。党的十八大再次强调，要扎实推进文化强国的建设。党的十九大进一步强调建设社会主义文化强国。党的历次会议反复提到文化强国建设，可见这一问题的重要性。

文化自强是文化自信的必然趋势与结果。文化自信作为一种积极的文化心态、一种信念，指引各族人民群众自觉加强文化建设，以科学的态度对待传统文化，只有取其精华、去其糟粕，才能在滋养文化之根的基础上将传统文化发扬光大，才能为建设文化强国夯实根基。让革命文化继续激励新时代的年轻人，使他们全身心投入社会主义建设事业，加快文化强国建设，实现文化自强目标。越是自信的文化越能兼容并蓄、海纳百川。坚定文化自信，以开放的眼光，吸收国外优秀文化，将中华文化与世界先进文化相互融合、不断创新，创造出既有民族特色、又具时代特征，博采众长的中国特色社会主义文化。

二、大学生文化自信

（一）大学生文化自信的内涵

大学生文化自信是由"大学生"和"文化自信"两个概念组合而成，也就是以大学生为限定主语，研究文化自信的问题。本书基于学界对该问题的解释，认为大学生文化自信是指大学生群体对中华文化的高度肯定、崇高信仰和坚定信念，能够对外来文化保持开放包容的心态和清晰辩证的认知，并积极对文化进行传承和创新，促进中华文化发展。具体来说，大学生文化自信既表现在意识层面，又表现在行为层面。在意识层面上,一是大学生对中华文化高度肯定、认同和信仰,对中华文化的发展前景充满信心,并有为促进中华文化发展作出积极贡献的坚定意志;二是对外来文化有正确的认知,能够保持理性的态度,不崇洋媚外,能够警惕文化渗透。在行为层面上,首先,体现在大学生在充分了解中华文化的基础上,能够以积极的姿态传承、弘扬、创新中华文化,并积极进行文化交流,以实际行动提升中华文化的魅力,在实践中感知中华文化、体悟中华文化;其次,大学生群体能够尊重差异,以开放包容的心态对优秀的外来文化进行借鉴吸收,丰富中华文化内容,提升中华文化的竞争力,同时也有高度的文化警惕和文化鉴别力,能够积极勇敢地同各种不良文化思潮做斗争,自觉抵制不良文化的侵袭和渗透。

(二)大学生文化自信的内容和特点

1. 内容

新时代大学生承载着国家富强、民族复兴的时代使命,承担着树立高度的文化自信的责任与义务,是同新时代共同前进的一代。由于大学生所处的时代背景、家庭因素、教育经历及自身思想行为各不相同,使得这一群体相较于社会其他群体来说具有特殊性。他们是否具有很高的文化自信心会直接影响中华文化当下和未来发展的强弱。大学生步入高校,接受现代高等教育,学习能力比较强,若以恰当的方式加以引导和培养,就能使他们具有高度的文化自信。反之,则会消解他们对本民族文化的自信心。所以,在研究大学生文化自信的内涵中,要加入大学生主体这一独特性。大学生文化自信就是将大学生列为文化自信的主体,在新时代这一新背景下,在对本民族文化充分认同的基础上,对文化的未来发展有着坚定的信念。

2. 特点

青年是整个社会力量中最积极、最有生气的力量,国家的希望在青年、民族的未来在青年,新时代大学生作为先进青年的代表,其文化自信展现出以下几个特点。

(1)独立性

大学生文化自信的独立性,首先,体现在每个大学生身上——这个个体是独一无二的,每个人的成长环境、教育经历、家庭背景、学习能力等都不相同,在建立文化自信的过程中,程度也各不相同。其次,体现在大学生思想的独立性。大学校园鼓励学生独立思考、开放包容,这个时期的大学生基本上已经形成较为稳定的"三观"和价值判断,能够按照自己的主观意愿作出判断和选择,并在一定程度上不受其他因素的干扰。最后,体现在行为上,大学生群体普遍具有独立处事的能力，对自己的行为要负责。一旦大学生具有高度的文化自信，他们就会以自己的实际行动传承和弘扬中华文化，在与世界文化交流中坚守文化自信的初心。

（2）开放性

大学生文化自信的开放性主要体现在以下两方面：第一，中国在顺应时代发展的潮流中，以平等交流、海纳百川的姿态拥抱世界，客观上为外来文化的优秀成果传入我国，供大学生吸收借鉴并促进文化创新，推动中华文化走向世界奠定了基础；第二，大学生在不同文化的交流融合中，能够以我为主，兼收并蓄，文明因多样而交流、因交流而互鉴、因互鉴而发展。新时代的大学生能够以谦虚谨慎的心态更新文化的内容，促进交流、开拓创新。

（3）可塑性

大学生文化自信的可塑性体现在，人类认识事物是有一个过程的，文化自信的建立也必然有一个过程，由不太了解到逐渐深化再到树立起高度的文化自信。大学生文化自信的建立不是一蹴而就的，需要一个循序渐进的过程，通过不断学习和正确引导，深化价值认同和文化认同。同时，大学生处于"三观"发展和构建的关键时期，对于缺乏文化自信的个别学生来说容易受到不良思潮的影响。但文化自信是可培育的，大学生群体可以通过不断学习、反思、实践，逐渐提高自己的自信心。

（三）大学生文化自信的要求

针对大学生文化自信的基本要求，学界提出了许多建议。大学生作为受教育层次较高的人群，具备着文化积淀、理性头脑、敏锐辨识能力等特质。基于此，学界认为，第一，能够对内吸收、对外包容。能够理性对待传统文化，对传统文化能够批判继承、立足根本，而不是一味地摒弃或是在家庭传统思想影响下全盘继承；能够不卑不亢地对待外来文化，既不"全盘西化"也不"盲目排外"，要以史为鉴，吸取教训，主动学习先进文化的同时，谨慎应对腐朽文化的入侵。第二，能够以实践为基础、以创新为驱动。大学生文化自信的培育应当自觉树立起实践意识，从自我做起，从当下开始行动，积极参与文化交流实践活动，努力践行社会主义核心价值观；在学习和继承的前提下，发扬创新精神和创新意识，担当起大学生在文化传承创新中的责任。

（四）大学生文化自信的表现

1. 自觉汲取中华优秀传统文化

习近平总书记强调，"中华优秀传统文化是中华民族的精神命脉，是涵养社会主义核心价值观的重要源泉,也是我们在世界文化激荡中站稳脚跟的坚实根基。"[1]中华优秀传统文化不断延续,经过历史的沉淀已经成为融入中华儿女血液里的文化基因,为中华儿女提供了不竭的精神力量。无论是以具象物质载体,如书法、节日、语言、文字等形式呈现出的文化,还是以抽象意识载体,如价值观念、道德品格等形式表现出的文化,都是中华民族弥足珍贵的财富,是涵养新时代大学生优秀品格的文化底色。中华优秀精神文化,是筑造新时代道德精神家园的支撑。无论过去还是现在,每个时代都需要伟大精神,每项崇高的事业都需要榜样引领。从古至今,中华大地涌现出无数道德模范和最美人物,在他们身上所体现出的助人为乐、见义勇为、舍生忘死、坚守正道、诚信勤勉、血脉情深等优秀品格,激励着一代又一代青年人砥砺前行。拥有文化自信的大学生能够积极汲取中华传统美德,提高自身道德修养,弘扬真善美、传播社会正能量、推动新时代形成新风气,以中华传统美德要求自我、规范自我,以美德滋养自身,勇于磨砺,进而成为实现中华民族伟大复兴的中坚力量。

2. 主动体悟革命文化

革命文化创建于中国共产党领导中国人民开展的伟大斗争之中,蕴含着丰富的革命精神。从中国革命历史的长镜头看,革命文化自发展出民族性、科学性、大众性等特质,就开始内化为中华民族精神的核心。革命文化是中国共产党人的精神旗帜,中国共产党人从一创立就高擎马克思主义指导理论,带领中国人民开展民族独立与解放的斗争,并经过努力带领国家和人民从站起来到富起来再到强起来,不断提高人民生活的幸福感和获得感,推动中国特色社会主义长久发展,实现中华民族的伟大复兴,不懈追求共产主义远大理想。中国革命文化孕育于新民主主义革命、社会主义革命及改革开放等实践中,彰显于红船精神、延安精神、"两弹一星"精神、改革开放精神等中国精神内容之中,具有强大的精神力量,在当代社会中具有强大的精神引领作用。新时代大学生在党史、新中国史和社会主义发展史及改革开放史的革命文化的浸润下,在自身参与的教育实践中不断体悟和内化革命精神,自觉树立共产主义远大理想,践行爱国主义、集体主义、服务奉献的道德要求,增强社会责任感和使命感,为社会的发展贡献自身的力量,实现人生价值,不断提升自身的精神境界。

3. 积极吸收社会主义先进文化

社会主义先进文化是马克思主义中国化理论的代表性成果,是坚持解放思想、实事求是和改革创新,立足于中国社会发展实践所凝练形成的物质与精神财富。社会主义先进文化作为体现社会主义意识形态特色的文化体系,具有反映思想意

---

[1] 习近平. 习近平在文艺工作座谈会上的讲话[N]. 人民日报,2015-10-15(02).

识与实践发展规律的科学性，追求与时俱进变革的开放性，吸纳我国社会主义建设不同历史时期的创新性理论与实践成果及世界进步文化的包容性。社会主义先进文化充满活力，是推动新时代中国特色社会主义伟大事业发展的重要动力，同时也是当前我国治理体系和治理能力的重要支撑。针对社会主义先进文化所表现的科学性、开放性、包容性，树立正确的文化观念具有重要导向作用。对于积极吸收社会主义先进文化的大学生，要正确把握学习方向、辩证分析文化内容、开展符合社会主义发展方向的实践，激励大学生投身于伟大事业和工程中，引导大学生将青春奉献于追求民族复兴的学习与社会实践之中。

第二节 高校大学生文化自信的培养

一、大学生文化自信的培养意义

（一）有助于建设社会主义文化强国

朝代的更改、时代的更迭都会伴随着文化的发展和进步。文化是一定时期政治和经济状况的反映。一个国家经济发达、社会稳定，那么它的文化水平必然也会与之共同繁荣。中国拥有五千年历史，从古代奴隶社会到现代社会主义社会，中华儿女在中华文化的影响下，发展了中国特色社会主义文化，成为中华民族绵延不绝、困难重重的前进道路上的精神支柱。

建设社会主义文化强国的核心在于发展中国特色社会主义文化。中华优秀传统文化在千百年来融合了中国革命、建设、改革及社会主义先进文化结晶，在数百年浴血奋战、持续斗争中历久弥新、持续发展。近现代以来，外来文化植入使我们意识到只有国家强大，我们才能拥有美好生活。因此，建设社会主义文化强国，实现中华民族伟大复兴，是我们每个中华儿女应尽的责任和义务。当代大学生更要坚定文化自信，投身社会主义实践，在真理中接受实践的检验，为中国特色社会主义事业不断奋斗。

（二）有助于传承弘扬中华优秀传统文化

中华文化深厚、博大、多元、多样，支撑着我们的中华民族不断前行、不断发展。中华文化对于人类社会发展产生了较大的影响，当下世界各国的文化都在相互影响，我们的文化自信根植于中华民族千百年来久久流传的传统文化，但当代大学生对传统文化了解不多、知识掌握较少，不能充分感受和理解中华优秀传统文化。中华民族传统文化，经历了春秋战国时期的百花齐放、百家争鸣，唐宋元明清的继承发展，再到近现代革命文化、社会主义特色文化。要坚定本民族文化，增强文化自信，在当下高校教育中渗透文化教育内容，将中华文化发扬出去，让所有中华儿女及海外人士都可以感受到中华文化的魅力。

（三）有助于全面提高大学生的综合素质

培养高层次的人才是一个民族持续发展的精神动力。当代大学生面对的诱惑很多，加之其心理及思想没有完全成熟，外界的干扰因素易对他们产生影响，容易受不好的文化影响，从而误入歧途。网络媒体多元文化冲击下，文化自信尤为重要。如果学生盲目接受外来文化，丧失对本民族的文化自信，会对大学生自身的成才发展产生不利影响。文化自信可以帮助大学生了解中华优秀传统文化，使其充分汲取优秀传统文化中的"仁爱""兼爱"等观点，丰富大学生的知识储备，提高个人修养，全面提高自身的综合素质。

二、大学生文化自信的培养机理

大学生文化自信的培养是有规律可循的，树立文化自信需要一个持续学习和提升的过程。总体而言，大学生文化自信的培养需要历经以下四个阶段。

（一）文化认知

只有形成了对事物的基本认知后，人们才能对事物有一个大致的判断。文化自信的形成并不是与生俱来的，也要经历一个系统的认知过程，这是形成文化自信的基础。从大学生知识掌握的角度来看，他们在进入大学之前的生活和学习阶段中已经或多或少掌握了一些基本的文化知识，对中华文化有了一些基本的了解。但是，这种认知并不系统，也不清晰，加之大学生社会阅历尚浅，各种价值观念还处于塑造阶段，需要对他们进行文化的细化和强化教育，形成对中华文化的整体认知，这是大学生文化自信生成的第一阶段。大学生文化认知的生成，一方面是能够准确认知中华文化的文化形态，充分了解中华文化的发展脉络、价值承载等内容，能够理顺和正确认识多元文化与主导文化的关系；另一方面是拥有海纳百川、兼收并蓄的胸怀，能够形成正确的文化理念，理性对待外来文化，作出正确的价值判断，正确分辨是非美丑，客观辩证地对待中华文化的历史、当代以及未来形态，既不妄自尊大、自我封闭，也不崇洋媚外、自我否定，清晰社会发展需要什么样的文化、如何促进文化发展。

（二）文化体悟

体悟是人们通过外在行为对事物形成的体验和感悟，是人们形成切身感受、正确认识、判断和评价事物的基础。文化的形态是多种多样的，包括物质形态、精神形态、信息形态等，这些文化形态具有不同程度的可实践、可接触、可感悟、可体验的特征。文化体悟的过程就是对已有文化信息的理解和诠释的过程，也是对新文化信息的接受和建构的过程。所以，良好的文化体悟能够固化大学生在接受文化教育中形成的文化认知，促使他们在情感上认同中华文化，形成情感归属，为文化自信的生成打下深厚的情感基础，这是大学生文化自信生成的第二阶段。必要的文化体悟是架起大学生与中华文化深入接触的桥梁。大学生通过文化体悟能够接触各种文化形态，认识到我国当前文化构成的复杂性，印证和实践他们所了解、掌握的文化知识，切身感受文化的真实存在，形成情感共鸣，产生文化归属感，为其形成文化自信提供必要条件。

（三）文化认同

认同往往是在对几种事物的比较体验中形成的对某一事物的认可。同样，文化认同也是在这样的体验中产生的对其中一种文化的认同行为，这种行为具有一定的选择性和从属性，一旦形成就能够坚定人们的情感意志，产生文化自豪感。大学生文化认同是大学生群体在经历文化认知、文化体悟阶段后对中华文化流露出的正向的情感反馈和表达。帮助青年大学生在多元的文化环境中正确鉴别各种文化，发现中华文化的优势和魅力，形成文化认同，这是大学生文化自信生成的第三阶段，也是大学生文化自信生成的前提。大学生在形成了对中华文化的系统认知并且经历了相关的文化体悟、正向的文化引导的情况下形成的文化认同，会有以下几种表现：一是认同中华文化的历史积淀、时代意蕴和价值取向；二是认同当下的主流文化，即马克思主义意识形态和人们的时代创造，从内心深处认同和弘扬新时代所展现的文化形态和文化主旋律；三是认同中华文化的发展潜力，看好其发展前景，对中华文化的未来发展表现出高度的认同和十足的信心。

（四）文化传承和创新

文化自信表现为对中华文化的高度认同、崇高信仰及坚定的信心，还表现为以满腔的热情、积极的行动传承和创新中华文化。对文化进行传承和创新是文化自觉、自信的体现。因此，大学生在经历文化认知、文化体悟、文化认同的基础上能够勇担文化使命，积极自主地进行文化承创，是大学生文化自信生成的标志。大学生进行文化传承和创新是基于内心的自豪感、承担的文化使命及时代发展所需，积极热情的践行文化继承、发展和创新的行为。一方面，青年大学生以饱满的热情和高度的自豪感继承中华文化，并积极进行文化交流、文化传播，努力提高中华文化的影响力、感召力、传播力；另一方面，青年大学生努力汲取各种文化营养，吸纳新的文化形式，以脚踏实地的态度和开拓创新的姿态投身于具体的文化实践，实现中华文化的发展和创新，彰显出新时代青年大学生的精神风貌和创造力。

三、高校思政课涵育大学生文化自信的基本原则

（一）方向性与融合性相结合

在当下的时代趋势中，想要搭建大学生对文化的信心，一定要把握好文化发展的正确方向，以时代的发展要求为主导，更多地以文化融合的方式来树立大学生的文化自信。把培养方向和文化融合密切关联，辨明确切的培养方向和目的，优化培育的成果。对大学生开展文化自信的培育，要把方向性作为出发点，坚守政治态度、保证政治方向，遵从中国特色社会主义文化的演化趋势，尽最大可能为当代大学生建立正确的价值观导向，为打造祖国新一代的接班人保驾护航。掌握当代大学生在发展方面的客观法则，为他们指明发展的方向和最终的发展标准，把文化自信的方方面面融入日常的理论学习及社会实践当中，融合到他们生活的各个领域，引导大学生以极高的自觉性投入对社会主义核心价值观的实践中。除了把文化教育融入日常教学里、书本里，更重要的是要通过文化融合的方式，使优秀文化在大学生群体中入心入脑。充分利用好隐性教育和显性教育的不同优势，运用好各类传播载体，通过大家都容易接受的方式开展显性教育，用文化来熏陶大学生的心灵，使他们的文化自信得到提升。全面系统地促进大学生学习文化知识，促进他们全面发展，以积极的手段正面指引大学生建立正确的、积极向上的文化价值观。

（二）民族性与开放性相结合

世界上任何一种文明的繁荣兴盛既是对本民族优秀文化的自觉坚守，也离不开对优秀外来文化的借鉴吸收。中华文化能够延续至今并依旧保持着强大的生机与活力的一个重要因素就在于在坚守本我的前提下，秉持着开放包容、兼收并蓄的文化态度。处在新时代的发展路口，时逢全球化趋势日益加深、文化交流日益密切的今天，涵育大学生的文化自信更应坚持民族性与开放性相结合的原则。

中华文化是中华民族千百年来生存发展的精神结晶，是与其他国家区别开来的独特标志。可见，民族性是文化自信最根本的特征，是文化自信提升的血脉依托。所以，涵育大学生的文化自信首先要坚持民族性原则。所谓坚持民族性原则就是在大学生文化自信涵育过程中坚持中华文化的主导地位，以中华优秀传统文化为依托，将民族意识贯穿始终，突出中华民族优秀的文化传统、民族精神和价值理

念。开放性是文化自信提升的重要保障。大学生文化自信的涵育之所以还要坚持世界性的原则，是因为文化体系是一个开放的系统，文化是在与外来文化的交融碰撞并对自身文化进行扬弃的过程中不断得到丰富发展的。坚持开放性原则就是引导大学生在坚持中华文化的前提下，以开放包容的心态积极接纳优秀的外来文化，并从中吸收优秀成果，做到以我为主、为我所用，促进中外文化的有效融合，从而实现中华文化的优化完善。

民族性和开放性是相辅相成的，大学生文化自信的涵育既不能只坚持民族性原则，也不能只坚持开放性原则，而是要做好两者的统一和结合，实现中华文化的传承与创新。需要做到以下两点：其一，在坚持民族性中体现世界性，这里说的是大学生文化自信的涵育既要做到弘扬和传承中华优秀传统文化这一本位要求，又要以开放包容的心态吸收外来文化的精华，在传统与现代的融合中坚定文化自信；其二，在体现世界性中坚守民族性。这里说的是大学生文化自信的涵育要有开阔的视野，积极参与世界文化交流和文明对话，努力吸收其他国家的文化精华、摒弃中华文化的糟粕，但在开放中要始终坚持中华文化的主导地位，通过对文化资源的整合优化，实现中华文化的创新和发展，彰显文化软实力。

（三）系统性与科学性相结合

在进行大学生文化自信培育过程中应当着重关注系统性同科学性之间的综合。从学生的整体发展出发，培养其文化方面的自信心。在此之前，对培养的方式、内容、目标和效果需要有一个系统的安排和科学的规划。培养大学生的文化自信，要遵循科学性原则。学生所学的文化知识的来源首先必须是科学的，不可凭空捏造。根据不同学生的专业背景知识，设置不同的文化课程，例如理工科学生和文史类学生背景知识明显不同。还可以依据学生学习水平设置难度不同的文化课程，例如大一学生和大三学生。有针对性地教学，学生可以更好地进行文化知识的学习，获得更多的文化自信。教师的教学过程也要遵循科学性原则，针对不同层次的学生，采取恰当的教学方法，教授合适的教学内容。在这个过程中，系统性原则同样要重视。教学的过程和内容要做到清晰明了，教师要系统性地进行教学，按照教学目标，制定教学步骤，突出教学每一部分的重难点，让学生可以快速把握课程的节奏，从而可以有条不紊地学习，由易到难、由浅到深系统地掌握文化知识，形成文化体系。从而使大学生了解中华文化，增强文化自信。

（四）理论性与实践性相结合

文化自信具有丰富的理论知识，但是新时代大学生文化自信的涵育不只是普通的知识传授，还要通过理论教育回归到社会实践中解决时代问题，实现文化的传承、创新、发展。因此，高校思政课涵育大学生文化自信不仅要进行理论教育，还要进行实践教育，做到理论与实践的有效结合。

理论教育是提升大学生文化自信的第一手段，是促进大学生形成文化认知的关键。坚持理论性原则就要善于理论引导、注重理论灌输、推动理论创新，要基于大学生的思想实际，把握正确的培育方向，探索创新大学生文化自信的科学规律，运用大学生乐于接受的方式和载体进行正面的理论灌输与理论引导，使大学生形成认知定势，加强其对中华文化的理解和认同。实践育人是重要的育人途径，单纯的理论灌输并不能满足大学生的实际发展需求，他们还需要在实践中感受中华文化的魅力，且文化自信最终表现在对中华文化的践行上。实践性是树立文化自信的现实基础。所以，新时代大学生文化自信的涵育必然要进行一定的实践活动。坚持实践性原则就是在科学的理论指导下开展一系列文化实践活动，在实践中提升育人效果，提高大学生的文化践行能力。

理论教育侧重的是知识层面的教育，是一种显性教育；实践教育侧重的是行为方面的教育，是一种隐性教育，两者结合更能实现优势互补。因此，新时代涵育大学生文化自信要注重理论与实践的有效结合。其一，坚持理论教育的同时融入实践教育。大学生文化自信的涵育首先要坚持理论教育，在开展系统的文化知识教育时不能从理论到理论，而要把理论贯彻到实践中，用大学生喜爱的实践形式进行知识引导，帮助大学生丰富文化体验，在实践中提高其文化认知，形成完善的理论知识体系。其二，注重在实践教育中丰富理论知识。随着时代和环境的发展变迁，大学生的文化教育不断面临新情况、新矛盾，需要在实践中不断探索符合时代发展的新的文化内容、文化形式，丰富大学生的理论知识，激发大学生的文化自信意识和情感，从而掌握文化精髓、厘清文化脉络、把握文化走向，真正将中华文化内化于心、外化于行。

（五）继承性与创新性相结合

文化的发展是持续的，中华文化绵延五千多年，独具一格，有着深厚的文化底蕴和历史根基。高校需要整合好文化教育的资源，从中华文化角度出发，积极引导学生在实践中不断地学习中华文化的精髓，传承优秀的中华文化。并且让学生不断地完善自己的文化知识结构，向世界展示中华文化。文化自信培养的过程中，创新性原则不可或缺。要想中华文化永葆青春活力，就要做到与时俱进，结合时代发展的特征，创新文化的宣传方式、学习形式及传承的方法，以此来吸引学生的目光，让学生爱上中华文化。

（六）传统性与时代性相结合

坚定文化自信，要从历史中找寻文明进步的动力，没有对历史的尊重和传承，就难以形成高度的文化自信。同时，我们也要知道，特定的文化诞生于特定的时代，有着一定的适用范围，不能刻板僵化地直接"拿来"运用，尤其是在追求现代化的今天，我们需要处理好传统与现代的关系，要根据时代发展需要进行合理的选择、吸收和创新。所以，新时代高校思政课涵育大学生的文化自信必须坚持传统性与时代性相结合的原则。

优秀的传统文化与优良的革命传统是我们最为宝贵的文化资源，具有独特的意义和价值，而且大学生文化自信的涵育建立在对中华文化传承的基础上，因而不能脱离传统。传统性诠释的是对中华文化精髓的挖掘和传承。因此，坚持传统性原则就是要引导青年大学生"不忘来时路"，积极做中华文化的传承者、践行者、创新者。此外，文化是不断发展、不断更新的，面对日新月异的变化，大学生文化自信的涵育也要跟上时代的发展、呼应现实的问题，彰显时代性。时代性强调对社会主义先进文化的创新发展，以实现与时代的契合、突破和超越。因此，坚持时代性原则就要做好文化自信涵育内容和涵育方式的与时俱进，在涵育过程中融入时代元素，及时更新话语体系，多渠道丰富涵育方式，实现创新性发展。

文化自信兼具传统性与时代性的特征，在大学生文化自信涵育过程中坚持传统性与时代性相结合的原则就要将两者协调起来，在传统性中彰显时代性，在时代性中表现传统性。其一，要在继承传统中融入时代要求。文化自信涵育要贯彻先进性的理念，运用科学的方式不断创新大学生文化自信培育实践，将传统经验与现代化教育手段相融合，挖掘符合时代要求的鲜活素材，凸显涵育内容的时代性和感染力。其二，要在突出时代性中坚持传统。失掉了历史的根基，一切将无从谈起。所以，大学生文化自信的涵育融入时代性的首要前提是尊重历史、坚持传统，要让青年大学生深刻体悟我国的优秀文化和优良传统，强化其情感认同，促使他们在新时代中积极弘扬、创新和践行优秀文化。

（七）主导性与主体性相结合

青年大学生的心理素质和认知能力尚未完全成熟，并且对中华文化的了解还是碎片化的，对于文化自信尚不能准确把握，需要通过系统的文化教育来增强文化自信。教育学强调施教过程中要注意处理好主体与客体的关系，做好教师主导性与学生主体性的有机结合。

教育者对中华文化的理解要更为透彻，同时教育者在教育过程中承担着信息收集、知识传授的职责，所以在大学生文化自信教育中必须坚持教师的主导性。

坚持主导性原则就要发挥好教师的导向作用和示范作用。发挥导向作用就是教育者要不断提高自身的文化素质、树立创新意识、坚持正确的教育方向、组织好教学活动、时刻关注文化发展动向、精准把握教学内容，争取教学效果的最理想状态。发挥示范作用就是教育者要做好榜样引领，怀着自豪之心、崇敬之情积极参与文化活动，带头践行中华文化，激发大学生的文化自信意识和行为。在教学活动中，学生是教学的主体，在大学生文化自信教育活动中必须尊重大学生的主体性。坚持大学生的主体性就要始终秉持学生为中心的教学理念，在教育过程中积极开展互动交流和自我教育，尊重和鼓励大学生树立正确的文化理念，及时引导和纠正大学生错误的文化观念，使大学生在自我学习的过程中感悟中华文化的深刻内涵和独特魅力，从而增强文化认同和民族情感并付诸文化行动。

在高校思政课涵育大学生文化自信中必须做好主导性和主体性的有机结合，主导性要为主体性服务，主体性要遵循主导性指导，两者不可偏废。其一，发挥教师主导性的同时凸显学生的主体性。教师作为一支专业的人才队伍，无论是知识储备还是心智发育、社会经历等各方面都是大学生的引路人，他们是教育活动的组织者、调控者、主导者，同时在教学过程中教师要结合青年大学生的心智发育特点和成长成才规律探索符合大学生群体的文化教育方式，引导大学生自觉地进行独立思考、总结反思。其二，坚持学生主体性的同时贯彻教师的主导性。在教学过程中，教育者应对教学方向和教学目标形成进行宏观把握，确保教学沿着正确的方向前行，还要以新颖的方式激发大学生对中华文化的兴趣，努力调动他们的主体能动性。同时教育者要与时俱进、顺应时代潮流，不断根据社会发展要求调整自己，努力提高自身的专业和综合素质以更好地发挥主导性作用。

第三节　高校思政课程与文化自信培养的关系

一、文化自信与高校思政教学的契合点

（一）教学目标一致性

文化自信背景下，不仅强调人们要增强对我国现有文化的认同，还需要对过去以至将来的文化充满信心。在与中国文化产生情感共鸣的基础上，增强对优秀传统文化的认知和理解，进而让每个人的价值观念满足社会发展需求，真正做到推动社会主义文化繁荣发展的目的。文化自信与高校思政课程实践教学的结合，可以培养学生的正确价值观，通过对传统文化和优秀文化的学习，增强学生正确

的道德素质和思想理念，从而为学生个人的全面发展提供不竭的精神动力，再一次推动社会和谐稳定的发展。文化自信与高校思政课程实践教学的结合，必须做到以学生为本，通过一切培养学生思想、文化、品行等方式，将现代大学生培养成全面的优秀人才。高校思政课程教学在发展中，也体现着国家和社会对大学生的期望，在发展学生专业技能和理论知识的基础上，推动大学生思想政治品德的合理发展，提升学生的文化自信。

（二）教学内容同源性

高校思政教学是以推动大学生身心健康发展为目的的，在思政教育中融入革命精神教育、传统道德教育等方面的内容，同时思政教育采用与文化自信培育有机结合的方式，充分帮助学生了解我国各种文化。例如优秀传统文化、先进文化等，采用渗透、熏陶的形式，发挥文化底蕴对学生的正确引导和教育效果。大学生思政教育与文化自信的同源性还体现在优秀传统文化教育方面。思政教育中包含优秀传统文化，文化自信来源于优秀传统文化，通过两者教学内容融合、协调发展等形式，培养当代大学生的爱国热情和民族自豪感。我国优秀传统文化来源于革命文化，全面将全国人民在浴血奋战中创造的文化特点表达出来，通过思政的形式传递给学生，也可以培养学生坚定的理想信念。革命文化也是思政教育工作中的重要内容之一，实现对大学生价值观的正确引领。

二、思政课与大学生文化自信之间的联系

文化自信具有政治和文化的双重涵义，思政课的政治性和文化性具有内在一致性，两者皆指向促进大学生理性认同、情感归属、信念导向、行为自觉。此外，高校思政课肩负着塑造大学生品格和实现大学生全面发展的重要任务，而大学生文化自信的提升同样能够提升大学生的品德修养，促进大学生的自我发展。可见，高校思政课与大学生文化自信存在密切的联系，呈现出高度的契合，两者是相互影响、相互促进的。

（一）文化自信是高校思政课的重要内容

高校思政课承担着引导大学生正确的认识世界和改造世界、提高文化认同、进行文化传承和创新、坚定理想信念、锤炼道德品质等一系列任务。为实现这些任务，高校思政课需要融入中华优秀传统文化、革命文化和社会主义先进文化，借助中华文化实现课程功能，并且其具有很强的政治性、理论性和思想性，从其开设的课程就能鲜明地体现出来，而这些内容恰恰也是文化自信的主要内容和重要来源。可见，文化自信的内容契合高校思政课的教育理念和教育任务，为高校

思政课的开展提供了重要的内容支撑,同时文化自信所倡导的精神也为高校思政课提供了价值理念支撑。可以说,高校思政课的开展离不开文化自信,如果丢失了文化自信,高校思政课就失去了内容支撑,就会变成无根的浮萍。正是因为文化自信贯穿了高校思政课的逻辑框架,才能打造立体饱满、丰富生动的思政课。在育人过程中,高校思政课通过输出文化自信的相关内容丰富大学生的精神境界、拓宽大学生的文化视野,增强大学生对中华文化的认知。可见,文化自信构成了高校思政课的重要内容。

(二)高校思政课是涵育大学生文化自信的重要途径

涵育大学生文化自信的途径不是单一的,家庭、社会和学校教育都发挥着重要作用,但是其中最为关键的环节是高校的教育与引导。其中,高校思政课是讲授马克思主义理论、传播优秀中华文化、弘扬社会主义核心价值观的主要课程,能够培养大学生形成正确的政治站位和价值观念,提高其文化认知,坚定其文化自信。思政课是要促进学生产生文化"自主认知—情感共鸣—意志坚守"的矛盾运动。教育者通过思政课的教学使大学生更进一步地接触中华文化,认同中华文化的内容与价值,传承中华文化的精神品质,推动中华文化的传承与发展。一方面,高校思政课能够使大学生深入地认识马克思主义理论,有效地帮助大学生学习马克思主义中国化的最新理论成果,掌握文化发展的最新趋势,形成正确的政治理论思维;另一方面,高校思政课能够对大学生进行良好的理想信念教育和文化价值观教育,促进大学生养成成熟的人格,提高文化定力和文化鉴别力,在文化多元化的发展中坚定他们对本民族文化的信心,提升文化认同和文化自信。

三、文化自信在思政教学中渗透的必要性

(一)建设文化强国的要求

新时代是我们奔向"强起来"的时代。所谓强起来的中华民族,从文化的发展层面来讲不仅仅是繁荣兴盛的体现,更是向文化强国的转变。当前,世界范围内的文化较量越来越激烈,哪个国家拥有了强大的文化软实力,哪个国家就占据了发展优势和话语权优势。虽然我国拥有悠久的文化历史和丰富的文化资源,但是我们尚未将这些优势完全地转化为强大的文化软实力,大学生的文化自信程度距离文化强国的目标要求还有一定的差距,我国还有很长的路要走,这些现实要求我们必须加快文化建设步伐,早日建成社会主义文化强国。

建设文化强国需要牢牢掌握中华文化的历史轨迹和发展规律,对中华文化充满自信,以强大的定力、智慧和勇气创造中华文化新高度、新辉煌,而实现这一

切的后备军就是青年大学生,他们在不远的将来必将担任实现文化强国目标的伟大使命。接受了中华文化洗礼、树立起高度文化自信的青年大学生拥有极大的施展热情和责任意识,能够充分发挥其主观能动性,积极参与社会主义文化强国的建设。所以,只有涵育大学生的文化自信,强化大学生对中华文化的认知与认同,才能更好地激发大学生参与文化建设的积极性、主动性及实现文化复兴的责任意识,进而提高中华文化的竞争力,加快实现文化强国目标。

（二）学生文化自信培养的要求

作为思政课老师,在课堂教学过程中,通过弘扬中华优秀传统文化,进一步带动学生获得文化自信,积极、主动参与弘扬中华优秀传统文化,对我们国家的文化进行认知学习,在文化自觉中加强学习。另外,通过文化自信融入思政课堂教学过程,能够帮助学生树立正确的世界观、人生观、价值观,从而自觉抵制不良思想和不良网络文化的侵蚀。

（三）大学生全面发展的要求

促进大学生的全面发展是高校的育人目标,也是国家建设和民族发展对人才培育的要求。只有真正强化青年大学生文化自信,才能实现大学生全面自由的发展。高度的文化自信能够充盈人们的精神面貌、激发人们的内在潜能,进而转化为强大的物质力量,促进人与社会的发展。

新时代的开启意味着要实现新的发展,意味着有更高的要求。在人才发展方面,新时代更加需要心理素质高、文化认同高、道德修养高的综合素质过硬的全方位人才。也就是说,作为未来社会建设的栋梁之材,青年大学生需要德、智、体、美、劳的全面发展,不仅要具备过硬的专业素质,更要有健康的体魄和高尚的品格。增强大学生的文化自信,使之成为大学生价值观的基础及其成长成才的价值导向,这能够从理论和实践层面完善大学生的价值观念、人文素养和道德品格。具备高度的文化自信的青年大学生能够更好地从中华文化中汲取养分,从中找到精神归属和心理支撑,成为拥有健康人格、扎实学识和远大理想的时代新人,能够更好地适应时代变化,争做时代的弄潮儿,助力社会建设,同时实现个人的自由全面的发展。

（四）思政教学育人的要求

对思政教学来说,文化自信能够发挥思政课程的育人作用。文化自信是一个国家和民族文化软实力的体现,从个体的层面来说,文化自信能够体现一个国家或者民族对于自身文化价值的认同感。思政教学的主要目的是要在文化自信的洗礼下,增强学生的文化认同感。通过培养学生的文化自信,使他们加深对于我们国家优秀的传统文化的了解,并积极弘扬优秀传统文化,让学生能够辨别中西方文化,进一步形成正确的世界观、人生观、价值观。在这样的背景之下,增强思政教学实用价值,促使思政教学事半功倍。

(五)传承和创新中华文化的要求

如果丧失了文化根基,一个国家就无法实现长远的发展。历经数千年的中华优秀传统文化在今天仍然散发着强大的光芒,其拥有顽强的生命力、能够源远流长的一个非常重要原因在于文化的传承。近代社会由于民族危机使传统文化遭遇了剧烈"阵痛",中国共产党成立后带领人民顽强拼搏取得了民族独立的同时,在传统文化的基础上创造性地开创了红色革命文化,改革开放以来又形成了社会主义先进文化,这些都是文化创新的结果。由此可见,中华文化的繁荣不是自然而然就实现的,文化需要世世代代不断传承和创新才能充满生机与活力。

任何领域的发展都离不开文化的传承和创新,而文化传承需要具备文化自信,文化创新更是需要具备高度的文化自信。大学生作为接受高等教育的群体,他们思维活跃,具有更高的文化素质、知识储备和创新意识,是中华文化十分重要的继承者、弘扬者和创新者,他们作为将来社会上各行各业的人才支柱,只有具备高度的文化自信才能更加从容、更加理智地对待外来文化,才能更加自觉地继承中华文化,才能更加坚定地将自己学到的文化知识进行弘扬传播,并利用自己的聪明才智进行文化创新,实现中华文化的繁荣与发展。

(六)实现中华民族伟大复兴的要求

要实现民族复兴,文化须先复兴。文化记录了一个国家和民族的发展轨迹和发展成果,国家是否强大与文化是否强盛息息相关、如影随形,璀璨的文化必然产生强大的发展因子,必然为经济社会发展带来强大的动力源泉和思想武器。从世界历史进程看,如果丢掉了文化传统、失掉了文化根基,国家和民族就会被多元文化的激流湮灭。换言之,文化是实现中华民族伟大复兴的必然因子,是支撑国家前行的永恒动力。新时代大学生成长于改革开放黄金期,迎来了新时代,见证了中国取得的累累硕果,享受着前人创造的更优渥的物质条件和资源,同时也承担着民族复兴的艰巨责任,他们能否树立高度的文化自信会直接影响国家的兴衰和中华民族伟大复兴目标的实现。坚定文化自信是大学生成长为担当民族复兴大任时代新人的必要前提。

实现中华民族伟大复兴不能缺少精神力量的支撑,文化自信正是支撑我们努力前行最本质、最根源的精神力量,是促进文化大发展、大繁荣的深层源泉。青年大学生是国家发展、民族复兴的中坚力量,必然成为接受文化自信教育的最主要的靶向群体。因此，大力涵育大学生的文化自信，提升大学生的文化涵养和责任意识，是实现中华民族伟大复兴目标赋予我们的必须要完成的时代任务。

（七）促进思政教学任务完成的要求

思政课老师应该将文化自信引入思政教学，引导学生深刻领会中华民族优秀文化的精髓，增强认同感和使命感，进一步培养文化素养。在思政教学过程中，老师要不断激发学生的文化意识，从而迸发文化生命力，不仅可以促进思政教学任务的完成，还能奠定我们国家的文化基础。

（八）保障社会主义意识形态安全的要求

意识形态是核心文化力量。随着世界各国文化交流、思想传播的日益密切，价值冲突、思想碰撞、文化霸权等不良现象浮出水面，频繁的文化渗透使我国的意识形态领域迎来了前所未有的挑战。大学生群体由于社会经验匮乏、文化辨析能力尚未养成等因素，成为西方意识形态争夺的重要对象，致使部分大学生信仰缺失、信念弱化、信心不足，逐渐迷失自我。在这样一个文化杂糅的时代背景下，帮助大学生以理性客观的态度对待西方文明，学会处理和明辨各种文化，坚定文化自信显得异常重要且十分迫切。

坚定文化自信是做好价值引领的关键，更是新时代掌握意识形态领域安全的重要基础。青年大学生由于其群体的特殊性，引导他们树立和增强文化自信的重要性不言而喻。为此，通过高校思政课这一重要渠道突出文化基因传承，创新文化自信教育，能够更好地促进大学生文化自信的生成，进而提高大学生抵御西方文化侵袭的能力，守牢社会主义意识形态领域的安全。

第四节　高校思政教学中文化自信的培养路径

一、学校方面

（一）重视校园制度文化的建设

校园制度文化指的是高等院校内部规章制度、组织机构与管理条例等，把文化教育引进校园制度体系当中，能够在校园文化日常管理工作中引导、增强学生的观念意识与行为规范，真正发掘校园制度文化所蕴藏的育人功能。

1. 完善制度保障体系

若想促进文化自信培育工作顺利进行，需要拟定合理、科学的政策方针与管理体系。一方面,相关教育部门要提高对文化自信培育工作的关注程度,完善整体性规划,同时以高校实际情况为基准提供经费支撑。高校应践行教育部门基本要求,设计契合本校实际状况的培育政策,构建完善由领导与思政工作部门构成的管理小组,同时配备涵盖校党委、校团委、学工部、辅导员及思政课教师等构成的管理团队,并且科学部署相关工作,让各个部门均可明确自身承担的任务,自觉担负自身责任,团结协作展开工作。另一方面,学生作为高校各项制度机制的践行主体,应发挥其主体性,借助校长信箱等途径为文化自信培育工作提出适当建议与意见。如此一来,不但可让学生切身感知文化自信,还可推动文化自信渗透到校园制度体系工作的创新与完善中。

2. 完善激励制度体系

在高校思政课程实践教学的文化自信培养过程中构建激励机制,能强化学生群体对于文化自信知识的积极性与自觉性,进而促使高校思政课程实践教学实效提升获得保障。文化自信培养有关的激励制度,需要精神激励与物质激励双向保障。透过对学院、年级、班级文化自信培养现状,实施先进班级与突出个人的评比实践活动,通过助学金和奖学金形式给予一定物质奖励,此种方法会成为学生积极接受学校文化自信和思政教育的主要动力。此外,还要实施精神激励。高校思政课程实践教学的主要目标在于让学生拥有正能量且强大的精神世界,精神激励属于无形的推动力,可推动学生生成新时代社会需要的正确思想理念。所以,在构建文化自信培养激励体系时,应坚定精神激励与物质激励兼顾,提升文化自信视域下高校思政课程实践教学成效,为教育活动开展提供保障。

(二)强化高校党委的主体责任

思政课建设好了才能更好地培养大学生的文化自信,加强思政课建设必须强化高校党委的主体责任。为此,高校党委要高度重视思政课建设,重视思政课教学、思政教师队伍建设、资源保障、教学评价等工作安排,统筹规划、共同发展。同时,要重点关注学校思政课建设中存在的短板,针对其中存在的突出问题,找原因、寻办法,及时制定并出台更好的涵育大学生文化自信的针对性方案。另外,在组织管理方面,高校党委要建立有效的领导机制和责任机制,要对思政课运行的实际情况有深刻的了解和掌握,确保制定的方案能够有效落实施。

强化高校的主体责任就要明确首要责任人是谁,党委书记和校长作为高校的第一领导人自然要承担起思政课建设首要责任人的职责。因此,高校党委书记和校长要落实好工作安排,积极发挥带头作用,坚持党对思政课在新时代国家发展全局中的定位判断,贯彻好党中央对思政课建设的相关要求,切实将正确领导优势转化为思政课建设优势。作为高校的一把手，高校党委书记和校长要做好学校思政课建设的调研和总结，及时作出指导和调整，而且要发挥好榜样的引领作用，带头进课堂讲思政课，体现高校对涵育大学生文化自信的充分重视。同时，还要强化和细化学校其他部门领导的职责，落实好思政课建设的各项保障工作，确保出现问题时能够追根溯源。此外，高校党委要下基层，多与思政课教师联系和接触，带头旁听思政课，及时与思政课教师就授课情况进行沟通和评价，帮助他们查缺补漏，增强思政课教师涵育大学生文化自信的意识。高校党委也要加强与大学生的接触与交流，了解他们的学习情况，听听大学生的意见和反馈，及时改进工作。

二、教学方面

（一）不断挖掘优质文化资源

在强化学生群体文化自信的教育实践中，高校思政课程应强化优质文化资源的发掘，充分把本土文化与民族传统文化传播给学生群体。一方面，在优质文化资源发掘过程当中，学校可借助增设传统文化教学必修课的形式，面向学生群体传播中国文化内涵，从而实现学生群体文化品格与人文素养的培养。在此过程中，应在必修课或者选修课当中，彰显中国文化特色的思政课程话语体系，强化学生道德判断能力的培育，从而强化学生的文化自信。另一方面，在深入发掘优质文化资源实践过程当中，教师应深入发掘思政课程实践教学和文化自信密切相连的教育因素。比如在"思想道德与法治"课程教学实践中，教师可借助道德理论内容讲解，充分融合学生思想道德教育活动和文化自信培养。而且，借助道德理论内容教育，有利于强化学生群体传播革命道德与传统美德的主动性和积极性，助力学生群体生成优秀的社会责任意识与道德品质，从而在无形之中强化学生群体对于传统文化及民族文化的高度认同。除此之外，为有效培育学生较强的社会责任意识与文化自信，教师应在发掘优质文化资源因素的过程当中，最大限度发挥传统节日优势，鼓励学生在节日氛围下，积极分享优秀的精神品格与传统文化内涵。例如利用清明节、端午节及中秋节等节日，为学生群体组织纪念日活动与学术讲座等实践性活动，并要求学生在教育实践活动当中深刻感知传统文化内涵及精髓，同时深化对于民族传统节日及文化内涵的理解，从而有效加强学生的文化自信获。

（二）明确文化自信教学目标

将文化自信融入思政教学，思政课老师必须明确教学目标。首先，思政课老师要向学生传递我们国家的优秀传统文化。我们国家具有五千多年的历史，直到今天，都具有新鲜的文化内容，对于现代人的发展也有推动作用。因此，在思政课堂教学过程中，教师要给学生传递优秀传统文化，帮助学生树立正确的世界观、人生观、价值观。其次，思政课老师要指导学生用辩证的心态看待西方文化，不要盲目崇外，也不要过分排斥。在经济全球化的背景下，西方文化给我们国家的传统文化造成不小的冲击，在网络信息发达的今天，一些不良网络信息对于学生的影响非常深远，在思政课堂教学过程中，老师要善于引导学生用辩证的心态看待西方文化，学会取其精华、去其糟粕。

（三）充分发挥其他学科作用

思政教学是一种综合性教学，尤其是在涵育大学生文化自信方面，要注重发挥其他学科的作用，形成对思政课建设的支撑合力，弥补课程教学短板。

其一，充分发挥哲学社会科学等其他学科作用。促进思政课建设、涵育大学生文化自信都不能脱离哲学社会科学，它们之间存在着千丝万缕的联系，是相互促进、相互贯通的。要发挥哲学社会科学作用，体现系统性、专业性。一方面，哲学社会科学具有很多独特的优势和学科建设经验，能够为思政课建设提供良好的教学补充，因此，两者可以建立互供交叉平台，补齐思政课建设中存在的一些短板和空白；另一方面，哲学社会科学等学科要充分发挥自身的学科优势，不断修正完善，构建更加丰富、更加繁荣、更具特色的哲学社会科学体系，以更好地为思政课涵育大学生文化自信提供保障。

其二，充分发挥哲学社会科学等其他人文学科的思想政治教育功能。思想政治教育的一个重要的功能是文化育人功能，涵育大学生文化自信是文化育人的生动体现。虽然思政课是发挥思想政治教育功能的主要课程，但哲学社会科学等人文学科也具有独特且重要的思想政治教育功能。因此，要加强与这些学科的互融互通，利用好这些学科的思想政治教育功能，发挥出其对思政课的"渗透"作用，体现涵育大学生文化自信的协同功能。

其三，形成思政课和哲学社会科学课程的育人合力。形成学科群之间的育人合力能够大大提高大学生文化自信蕴含的实效性。譬如聘请优秀的哲学社会科学教师兼任思政课教师，这样既可以解决思政课教师数量不足的问题，还可以打破传统的思政课教师队伍相对封闭的体系，形成思政教学的开放、多元格局。此外，高校还可以定期邀请国内知名的哲学社会科学专家做专题讲座，让大学生品味中华文化盛宴、探寻中华文化奥秘，形成对中华文化的崇高信仰，增强文化认同和自信。

（四）将文化与思政课整合

高校思政课程实践教学在新时代环境下，为有效提高学生群体文化自信教育成效，建设完善的教学保障体系，必须强化思政课程和文化教学的有效整合，构建文化与思政课的整合机制，切实发挥高校思政课程实践教学宣传及引导作用，从而落实对学生群体优秀文化素养的有效培育。

首先，高等院校可建设针对两者融合的育人规范制度体系，借助制度化形式，强化教师以思政课程实践教学培养学生群体文化自信的认知和意识，从而落实两者高度融合，创设以制度化为基准的思想政治教育环境，有效宣传优秀文化。与此同时，在高校思政课程实践教学和文化融合整合的具体过程当中，为全面培养学生群体文化自信，教师可通过在实践教学规划当中渗透文化教育的形式，切实提高文化教育在高校思想政治课程实践教学中的地位。

其次，在培养学生群体文化自信的过程中，教师可借助马克思理论精神与中国特色社会主义事业宣传介绍的形式，加强学生群体对有关知识内容的了解与认知，并使他们在爱国主义情怀下不断提高个体文化自信，深刻感知中国特色社会主义事业发展与民族文化的意义和价值，以此为高校思政课程实践教学提供保障。

（五）优化思政课程设置

课程设置是开展课堂教学的基础，决定着教学的走向，对大学生知识学习和兴趣培养发挥着重要的作用。新时代大学生文化自信的涵育需要结合时代的发展要求，及时掌握文化发展动态，在坚持以学生为中心的前提下，不断完善课程体系、优化思政课程设置。

第一，开设文化必修课程，同时增加文化选修课。高校要面向全体大学生开设中华文化必修课，并设置严格的考核制度，让大学生形成一定的考试压力，并将这份压力转化为学习动力，从而使他们能够全面、系统地了解中华文化知识，提高文化认知。同时，高校应以增强大学生文化自信为旨归，根据大学生的文化兴趣开设不同板块的中华文化选修课，如开设中国诗词赏析、中国书法艺术、中国古典音乐、中国美学精神等课程，使大学生更加深入地了解中华文化的博大精深，提高其自信心和自豪感。

第二，增加大学生文化实践课的课时数。当前大部分高校设置的实践课的课时数极短，甚至不设置实践课，而大学生文化自信的树立和增强不仅需要具备充分的理论知识教育，更需要深刻的文化情感体悟和自觉的文化行为，显然这样的课程设置是不利于涵育大学生文化自信的。因此，高校要立足时代要求，适当增加思政课中实践课的课时数，重视发挥实践育人的功能，使大学生能够在实践中体悟中华文化的魅力，增强对中华文化的情感认同，真正树立文化自信意识。

第三，重视隐性课程的建设。新时代高校思政课涵育大学生文化自信不仅要注重显性课程开发，同时也要重视隐性课程建设。显性课程是我们在理论和实践层面有计划、有目的地使大学生学习和了解博大精深的中华文化,而隐性课程能够在潜移默化中对大学生的行为和意识产生影响,且这种影响一旦形成就是深远的、持久的。因此,高校要积极开发优秀的隐性课程资源,形成文化熏陶,譬如创办生动多彩的文化活动、在教学建筑中添加文化元素、建造文化雕塑等,使大学生于潜移默化中提升文化自信。

(六)加强实践教学

实践教学也是培养学生文化自信的关键路径,在对学生进行思政教学的时候,老师不仅要对学生进行理论知识的教学,还要将理论知识和实践教学相结合,增加文化的魅力,提升学生的文化自信心和对民族传统文化的认同感,从而肩负起弘扬优秀传统文化的重要任务。在进行思政课程实践教学的基础上,将课堂内容和实践内容结合在一起,思政课老师可以带领学生参加志愿者服务,或者举办学雷锋活动、下乡活动等,和社会合作,促使学生能够深入社会,通过参与一些社会活动,将校内资源和校外资源结合在一起,促使学生弘扬我们国家的优秀传统文化,增强学生文化信念感,进一步增强其实践能力和创新能力。

(七)创新教学方式

思政课老师应该对目前的课堂教学方式进行创新,促使课堂成为学生熟悉文化、探索文化的重要场所,思政课老师在立足教材的基础上,将文化自信融入其中,加强学生对于历史典故、国学知识的了解,对长征精神、航天精神、延安精神等红色精神进行宣传和弘扬,对社会主义先进文化进行传承。思政课老师要打破传统的"灌输式""填鸭式"教学方式,培养学生主动学习、互动学习的能力。

思政课老师在进行教学的时候,可以对全体学生分组,以 5~6 人为一组,通过小组合作查找和"思政""文化"相关的故事,在上课期间进行交流、分享,从而调动学生的文化学习积极性。除此之外,思政课老师还可以借助多媒体技术,在课堂教学过程中,为学生播放文化视频、图片、音频等,增强学生的文化意识,促使学生积极弘扬优秀传统文化。

三、教师方面

(一)加强对思政课教师的培养培训

建设一支高水平、专业化教师队伍的一条非常重要的途径就是加强教师培训。因此,高校要重视教师队伍建设,强化培养培训,提高思政课教师的育人意识,发挥好思政课教师的榜样示范作用,保持思政课教师队伍的先进性。

第一，对思政课教师进行文化自信培育。思政课教师的职责规定了思政课教师文化自信的必然性。所以，涵育大学生的文化自信，首先思政课教师必须对中华文化充满自信，具有崇高的信仰。高校要基于提高思政课教师文化自信的目的，定期举办和组织教师文化活动，例如文化研讨会、文化展览参观、文化体验、文化自信教学比赛等，切实提高思政课教师的文化情感。另外，高校要及时购置优秀的文化课程供思政课教师学习和消化，补充涵育大学生文化自信所需的教育资源和教学载体，从而达到锦上添花的效果。

第二，定期举办思政课教师分享交流会，就教学方法、教学内容、教学疑惑等内容展开充分的交流，使他们在释疑解惑中收获成长。同时，要进行优质课程展示，发挥优秀思政课教师的榜样引领作用，使其他思政课教师能够取长补短，在学习中丰富经验，提高教学本领。

（二）提高思政课教师的自身能力

第一，思政课教师要增强政治意识，提高政治素养，始终坚持正确的政治站位。首先，要时刻明确并勇于承担政治责任。思政课教师要时刻保持清醒的政治头脑，将崇高的信仰和正确的政治理念凝结在教学活动中，输送到大学生的头脑中。其次，要着力增强政治意识。高校思政课教师要从内心深处热爱党、热爱国家、热爱人民，明辨各种与主流价值相悖的错误言论与思潮，敢于发出时代之声。最后，要深入学习政治理论。思政课教师必须不断加强理论修养，提高自己的专业水平，将马克思主义经典著作和党的理论学懂、悟透、讲清，做到以理服人、以文化人。

第二，思政课教师要心系国家、心系社会、心系人民，以浓厚的家国情怀教书育人。思政课教师首先要胸怀天下，才能真切地将爱国之情传递给学生，才能更好地引起学生的共鸣，使之真正体悟到中华文化中所讲的"修身、齐家、治国、平天下"的情感厚度，继而产生文化归属感，自觉认同中华文化，树立起责任意识，将"报国行、强国志"深刻于理想信念中，以高度的热情积极投身于新时代的奋斗浪潮中。为此，思政课教师要有一颗热忱的爱国之心，关心国家发展，将个人的理想融入中国梦之中，并将这份饱满的报国之情输送给学生，坚定大学生的理想信念。

第三，思政课教师要紧跟时代步伐，树立创新思维、增强创新意识。时代是不断发展的，形势是不断变化的，新事物层出不穷。因此，思政课教师不仅要有扎实的理论功底，更要有接受和消化新事物的能力，能够紧跟时代潮流，以创新的思维及时更新知识结构。一方面，思政课教师要对文化自信有一个全面的理解和把握，能够创造性地讲清楚文化自信的重要内涵和价值所在，引导大学生对该问题充分重视。另一方面，思政课教师不能僵化思维、故步自封，要善于运用辩证思维，增强创新意识、更新教学理念，探索新的课堂教学方式，吸引住大学生的眼球，在增加课堂趣味中提升教学实效性。

第四，思政课教师要拓宽视野，不断扩充知识面。不同的学生有不同的疑惑，能够针对这些疑惑给出合理的解答是对教师知识储备的考验。要经受住这个考验，思政课教师就要在深耕专业知识的基础上尽可能接触更多内容，不仅要熟悉中华文化，还要学习外国文化；不仅要熟悉国内形势，还要了解国外动向；不仅要熟悉思政领域，还要涉猎其他专业内容，努力成为一名全方位、立体化的思政课教师。此外，思政课教师要有历史眼光，能够对中华文化的历史发展了然于心，使大学生学会历史地、纵向地看问题，理解树立文化自信的历史必然性，承担起历史使命。

第五，思政课教师要严于律己、知行合一、言行一致。教师具有天然的示范性，教师的一言一行都会影响学生的价值判断和价值选择，稍有偏差都有可能误导学生的思想和行为。思政课教师言行一致的文化自信是"行走"的思政课程。因此，思政课教师要提高自律意识、提高自我要求，做到经常性的自我反思、自我总结。教师不仅要在课堂上教授知识，弘扬正能量，更要身体力行、言行一致。所以，思政课教师绝不能只喊口号，而是要扮演好马克思主义的阐释者、中华文化的传播者的角色，还要带领大学生行动起来，在行动中彰显文化自信。

第六，思政课教师要不断加强道德修养，塑造高尚人格。教师是学生的示范者和领路人，有什么样的教师就会有什么样的学生，良好的师德师风是思想政治教育的隐性资源。因此，思政课教师要端正人格，提高自己的师德修养，关心大学生的生存与发展，以富有感染力的人格魅力去带动大学生，努力成为大学生效仿的榜样，成为大学生成长成才的促进者和引航人，从而激励大学生提升自身素质，提高其文化认同感、自信心及文化践行力，争做有品德、有追求、有素质的时代新人。

第五章　高校思政教学中文化渗透的未来思考

本章内容为高校思政教学中文化渗透的未来思考，主要从两个方面进行了介绍，分别为高校思政教学中文化渗透的现状分析、高校思政教学中文化渗透的未来发展探索。

第一节　高校思政教学中文化渗透的现状分析

一、深度方面

近年来，高校思政教学中对文化（主要指中华优秀传统文化和红色文化）的重视程度有了很大的提升，但在文化内容挖掘方面和文化内容渗透方面的深度不够。从当前实际情况来看，思政教学中渗透的内容挖掘不够深入、缺乏时代性。大部分教育者在渗透过程中更关注方法和形式，在某种程度上忽视了对文化资源的现代挖掘和创新，而且对一些文化的内涵的现代阐释偏于表面化，很少追溯其渊源，学理性不足，未从更深层次把握文化背后的精神内核，难以引起高校学生的心理共鸣，导致内容的提炼不足。同时，传统文化和红色文化自身的现代转化不足，存在内容古旧、缺乏时代内涵等问题，有待进一步的挖掘和开发。除此之外，高校思政教学中渗透文化内容时所做的规划有所欠缺，缺乏一定的系统性。目前，高校思政课教材在不断地改进和更新，关于优秀传统文化和红色文化的内容不断增多，但是关于文化的内容一般比较浅显，不够深入。

二、形式方面

（一）实践教学缺乏创新

从空间上看，大部分高校学生所参加的文化实践活动主要集中在校内，高校经常忽视校外实践这一广阔平台,导致校内和校外的实践教育相分离,缺乏良性互动。除此之外,高校文化活动的举办多以演讲比赛、诗词朗诵、文艺汇演、辩论会等传统方式出现,内容和方式都缺乏新意,对高校学生自觉主动参与文化活动吸引力不足。

(二)以理论灌输为主,形式单一

大多数教育者在教学过程中都以口头说教为主,他们通过讲授与文化相关的知识,把内容直接传递给学生。不可置否,理论灌输在日常教学中起着重要作用,是文化渗透到高校思政教学中的主要方式。如果教育者合理运用并把握好度,可以直接有效地提高高校学生的文化认知效果。但若只是以单向灌输的方式进行教学,而忽略了校园文化环境、社团活动等辅助方式,反而会使学生丧失学习的积极性,甚至产生抵触心理,难以达到入脑、入心之效。

(三)没有充分利用网络新媒体

部分高校在校园网络和新媒体的构建过程中缺乏传统文化元素,未将传统节日文化的理念和精神与校园网络环境的建设相融合。高校可以通过网络平台将传统节日文化知识传播给学生,有的学校虽建立了专门的文化传播网站及相关平台,但由于缺乏专业团队,这些平台没有得到很好的运营和管理,质量不高。此外,部分学校没有充分利用科技手段,没有融合各种资源去推动文化的数字化升级,在文化传播和教育方面的工作仍有不足。

三、师资方面

有些高校思政课教师资源匮乏,影响教学活动的开展。部分思政课教师缺乏必要的培训,在教学中对中华文化的引用缺乏创新甚至较少提及文化。教学内容过于抽象化、理论化或教学内容陈旧、缺乏新意,脱离学生生活实际,选用的素材与课程融合度不高,导致学生无法产生共鸣,对文化内容理解困难,甚至产生抵制情绪。有些教师在实际教学时只侧重教材知识内容,只是简单讲述历史事件或人物,教学内容太过浅显,对文化的相关内容缺乏深层次的挖掘和拓展,缺乏必要的逻辑梳理和学理论证。在弘扬中华文化时忽视其蕴涵的时代意义,与新时代结合不够紧密,文化的价值没有得到很好的呈现。还有个别教师一味迎合学生的兴趣,依赖视频、图画等形式对文化内容娱乐化,忽视理论深度教学,不利于学生对文化的深入理解。有的在教学方式上缺乏感召力和吸引力,教师与学生缺乏互动,忽视学生心理特点和接受能力,难以激发学生的学习兴趣。部分教师自身专业水平不高,对文化的相关内容缺乏了解,对课程教学方案准备不够充分,影响文化在思政教学中的渗透效果。

四、协同方面

高校思政教学中文化的渗透是一项需要联合推进的系统工程,需要多方努力才能打造出全面的渗透格局。当前,在渗透过程中出现了各层面配合不紧密的问题,使渗透的内容不连贯,影响了渗透的效果。

(一)课上和课下衔接不足

当前,大部分文化相关内容是以课堂教学的形式传递给高校学生的。课下作为学生自由的学习空间,若将文化知识延伸到课外,便能让文化教育变得更"活"。而部分教育者常常忽略了课下这一延伸空间,没有做好课上课下的衔接工作,没有充分地开展课外节日文化活动,这不利于促进学生将文化精髓进行吸收和内化。

(二)校内和校外缺乏协同

在渗透过程中,学校在思政课教学中逐渐渗透文化相关内容,除此之外,还设置了文化相关课程、举办多样的节日活动,并取得一定效果。但光靠学校一己之力是远远不够的,更需要各部门协同推进。例如政府相关部门应对文化提供支持和保护、社会要营造文化氛围、媒体要发挥传播和舆论引导功能、家庭要做好基础教育、高校学生要自觉承担起以文化来传递主流价值观的职责等。然而,目前来看,各方面合作并不紧密,还未形成良好的育人格局。

五、效果方面

(一)渗透过程形式化

从目前来看,文化在高校思政教学中的渗透过程出现形式化、走过场等问题,这不禁引人深思:让高校学生学习文化,究竟要学什么?最直观的就是让高校学生从文化中感悟民族精神,但部分关于文化的学习竟演变成了作秀。可能由于教育者自身没有掌握好文化的精髓和时代内涵,对节日的历史渊源、相关典故、育人功能、思想精神等了解不够,所以他们在讲授和传播文化时出现内容浅显、话语转化不充分、主题模糊、模式单一的问题,也没有将其与高校学生的生活实际相结合,更无法将学生的注意力转化为精神动力。由于教育者的教学效果不佳,没有满足高校学生的精神需求,使学生在接受过程中缺少代入感,难以激起他们学习的热情,使得接受效果也不理想。还有部分高校组织的文化活动也缺乏创新性,学生无法从中获得深刻体验,起不到实质性作用。

(二)渗透过程未能因材施教

教育者在渗透过程中未能因材施教、有针对性地开展文化的相关教学,使得学生缺乏兴趣,甚至产生抵触和敷衍了事的心理。教育者与学生之间缺乏良性互动,不少高校学生对文化的精神内涵没有真正认知和认同,甚至出现理解偏差的问题。在渗透过程中,学生没有获得情感交流,也就无法满足自身的精神需求,仅仅空泛地接受了文化,这也影响着文化的渗透效果。

第二节 高校思政教学中文化渗透的未来发展探索

一、思政教学模式智能化

国务院《新一代人工智能发展规划》提出,"运用智能技术加快推进人才培养方式、教学方法改革,构建涵盖智能学习、交互式学习的新型教育体系。开展智能校园建设,推进人工智能在教学、管理、资源建设等全流程应用"[1]。由此可见,智能化思政教学模式是一项具有高瞻远瞩的育人方式。构造智能化思政教学模式亟须智能思政教材、智能思政授课和智能思政实践三方面。

(一)智能思政教材

高校应及时搭建5G物联网结构以保证校园范围内物物交互的可行性,将国家统一编写的思政教材与高校云计算、大数据、多媒体等资源深度融合。同时,充分利用5G泛在网的优势,第一时间同步并备份习近平新时代中国特色社会主义思想的最新成果,以供教师和大学生群体在第一时间汲取马克思主义中国化的结晶。随时更新传统鲜明的校本教材,利用5G低时延的优势与省内及全国高校形成有机整体,实现全国思政校本教材与各地优秀传统文化、红色文化的有机联动。

(二)智能思政授课

教师应会用、敢用、善用智能思政授课方式。智能的神奇之处在于能打破时间和空间的限制,通过VR、AI技术打造虚拟但体验感极佳的教育环境。教师可以通过真实的智能课堂再现不朽的"万里长城",亲身感受"初惊河汉落,半洒云天里"(《望庐山瀑布二首》)的壮观气魄及美轮美奂的剪纸作品等;更要敢用智能技术,调动大学生互动的积极性,一同参与到课程主题、课程教案、课程视频音频的制作中,拉近大学生与中华优秀传统文化、红色文化的距离;最后,

---

[1] 国务院. 新一代人工智能发展规划 [M]. 北京:人民出版社,2017.

要善用智能授课方式。教学手段服务于课堂但不限于课堂,大学生对于新鲜事物的热忱度极高,应避免课堂泛娱乐化、课堂新鲜化的情况。

(三)智能思政实践

合理开展智能思政实践活动。2020年全国大学生同上一堂思政课的反响热烈,各大高校可以将时间成本和人力成本稍高的实践活动以一种全新的方式在云端开展,让大学生群体在碎片化的时间内能够领略祖国山河的秀美、感受革命战斗的艰辛、惊叹改革开放的成就、感受中华诗词的魅力。

二、多元联动的协同育人

中华文化以丰富多样的内涵和形态,创新了思政教学形式,是当前国内外形势下非常重要的话题,对于意识形态作用的发挥起到了深化的作用。但文化教育绝不仅局限于高校部门本身,高校在对其布局上也不应该自建藩篱,而是要抱有开放包容的心态,在统筹好本校思政教学工作的同时,与其他院校、与社会、与文化资源地建立起密切的联系,加强学校与这些力量的联动。通过互相之间的资源共享、合作发展,共同推进对地区的资源开发和利用,使其发挥最大的价值。总的来讲,构建多元联动的协同育人体系,要实现组织协同、主体协同、资源协同,形成文化育人合力,畅通文化育人的全渠道。

(一)组织协同

中国特色社会主义的最大优势,就是中国共产党的领导。正是坚持党的正确领导,才能取得社会发展的丰硕成果。思政教学的独特性决定了它本身所带有的政治特点,意识形态方面的教育首先而且必须要符合我国政治发展方向,统一于党的领导和社会主义的建设中。始终保持党的统一领导下开展工作,这是首先而且必须要明确的,也是实现组织协同的前提。完善的组织协同有利于顺利推进各项工作的开展,而不至于先在领导层就产生分歧。青年被寄予了民族复兴的希望,青年学生是社会建设发展重点培养的对象,高校领导干部应当把学生思政教学作为工作的重点,与各职能管理部门共同形成育人合力。中华文化在文化强国建设中发挥着重要的价值作用,要充分挖掘文化资源中符合党的要求、符合时代发展方向的内容,融入高校思政育人体系中,维护和巩固中国共产党的领导。

实现组织协同,就是要协调党和政府的统一。政府既要充分发挥主动性开展工作,又要坚持中国共产党的统一领导。高校实行的是党委领导下的校长负责制,学校的建设发展和育德育人等一切工作,都是在党委和校长的统一领导下进行的。高校党政领导作为思想政治工作协同育人的首要责任人,既要掌舵定向、谋篇全局,又要统筹各方、抓好落实。领导自身应当树立主动协同的思维，有机统一党委领导与校长主管两位一体关系，协同部署思政教学工作任务，形成党委统一领导下，党政齐抓共管的协同大格局。从全局来看，文化融入高校思政教学不仅仅是高校一方的重要任务，在全力推进中国特色社会主义现代化建设的今天，需要政府、高校、社会及红色资源地主管部门领导层的合力协同。

（二）资源协同

恩格斯对资源的定义："劳动和自然界在一起它才是一切财富的源泉，自然界为劳动提供材料，劳动把材料转变为财富。"[1]资源是对人力、物力、财力等各种物质要素的总称，是高校开展思政教学工作的重要依托。文化融入高校思政教学，需要实现资源的整合和合理利用，实现校内资源协同和校内外资源协同模式，充分利用现有的物质、制度、文化资源，发挥文化育人的作用。一方面，实现校内资源协同。校内资源包括了主体资源、客体资源、介体资源、环体资源等。教育实施主体是文化融入高校思政教学的主体资源，主体协同干预能够把思政工作队伍统一起来，充分发挥其工作价值。在校师生是开展思政教学工作的主要客体对象，应当充分利用好校内现有资源，在校园内形成协同育人。另一方面，实现校内外资源协同。联通校外资源主要包括不同学校之间、学校与社会、学校与文化资源当地三个方面。文化融入高校思政教学，不单单是依托校内资源，更要与社会资源、外校资源、文化资源地形成连接。

---

[1] 马克思，恩格斯. 马克思恩格斯选集：第四卷[M]. 北京：人民出版社，1995.

参 考 文 献

[1] 马宝娟，张婷婷. 大中小学思政课一体化：问题与对策 [J]. 思想政治课教学，2020（2）：4-8.

[2] 史祝云. 习近平新时代中国特色社会主义思想融入高校思政课教学研究 [J]. 卫生职业教育，2018，36（18）：7-8.

[3] 胡艳. 思想政治教育理论彻底性的人学思考 [J]. 大众文艺，2018（16）：211-212.

[4] 赵建超. "思政课获得感"的哲学意蕴 [J]. 思想政治教育研究，2018，34（1）：93-97.

[5] 燕连福，温海霞. 高校各类课程与思政课同向同行育人的问题及对策 [J]. 高校辅导员，2017（4）：13-19.

[6] 沈壮海，肖洋. 2016年度大学生思想政治状况调查分析 [J]. 思想理论教育导刊，2017（1）：108-113.

[7] 吴晶，胡浩. 习近平在全国高校思想政治工作会议上强调把思想政治工作贯穿教育教学全过程开创我国高等教育事业发展新局面 [J]. 中国高等教育，2016（24）：5-7.

[8] 李梁. 信息技术与思政课教育教学的深度融合研究 [D]. 上海：上海大学，2017.

[9] 郑光贵，魏强. 高校辅导员工作与思政课教学结合的探索与研究 [J]. 思想理论教育导刊，2014（11）：122-124.

[10] 朱剑昌，王继辉，蒋福春. 高校思政课教学指导 [M]. 北京：中国言实出版社，2008.

[11] 杨洪泽. 当代大学生思想政治教育实效性研究 [D]. 长春：东北师范大学，2013.

[12] 赵增彦. 高校思政课实践教学资源多元化整合与一体化运用 [J]. 东北师大学报（哲学社会科学版），2013（2）：177-180.

[13] 田洪芳. 转型期高职院校思政课教学面临的问题及对策 [J]. 教育与职业，